파국으로 향하는 일본

파국으로 향하는 일본

초판 1쇄 인쇄 | 2017년 12월 1일
초판 1쇄 발행 | 2017년 12월 8일

지은이 이성주
기획 파트너 딴지일보 편집부
책임편집 조성우
편집 손성실
마케팅 이동준
디자인 권월화
용지 월드페이퍼
제작 성광인쇄(주)
펴낸곳 생각비행
등록일 2010년 3월 29일 | 등록번호 제2010-000092호
주소 서울시 마포구 월드컵북로 132, 402호
전화 02) 3141-0485
팩스 02) 3141-0486
이메일 ideas0419@hanmail.net
블로그 www.ideas0419.com

ⓒ 이성주, 2017
ISBN 979-11-87708-67-4 03340

책값은 뒤표지에 적혀 있습니다.
잘못된 책은 구입하신 서점에서 바꾸어드립니다.

이 책 내용의 전부 또는 일부를 재사용하려면
반드시 지은이와 출판사 양쪽의 동의를 받아야 합니다.

전쟁으로 보는 국제정치 5 태평양전쟁 Ⅲ

파국으로 향하는 일본

이성주 지음

생각비행

• 머리말 •

한반도에서 국제정치 감각은 필수이다

전쟁으로 보는 국제정치 시리즈의 종장終章을 보기까지 만 3년이 걸렸다. 가벼운 마음으로 시작한 기획이었는데, 책으로 출판되고 영상으로 만들어지는 과정까지 더해지다 보니 어느새 3년이란 시간이 흘렀다.

처음엔 '국제정치를 쉽게 이야기해보자'라는 마음으로 가볍게 시작했다. 애초 목표는 '워싱턴 해군 군축 조약'까지였다. 여기에는 뒷이야기가 하나 있는데, 예전 경기문화재단이 운영하는 레지던스에 들어가 2년 간 작업을 했던 적이 있다. 이 때 같이 지내던 작가들과 술을 마시며 여러 이야기를 나누다가 '러일전쟁'에 관한 이야기가 나왔다. 당시 작가들은 러일전쟁에서 일본이 승리한 걸 '운'이라고 생각하고 있었다. 역사교육의 폐해라고 해야 할까? 한반도의 운명을 결정지은 이 전쟁에 관해 잘못된 배경 지식을 가지고 있다는 사실이 그저 안타까웠다.

또한 그들은 우리 민족이 경술국치에까지 이르는 과정에서 러일전쟁이 어떤 의미를 가지는지에 대해서는 별다른 '감흥'이 없었다. 우리나라 사람들은 지정학적으로 가장 첨예한 대립지역이라 할 수 있는 한반도에 살고 있으면서 국제정치에 대해서는 그다지 관심이 없었다는 걸 체감했던 순간이었다. 이날 난 술자리에서 러일전쟁부터 워싱턴 해군 군축 조약까지 이어지는 일련의 사건들에 대해 설명했다. 이때 되돌아 온 반향이 "우린 왜 이런 걸 몰랐지?"였다. 그러고는 이런 얘기를 왜 진작 말하지 않았냐고 반문했다. 지금 와서 생각해보니 이때 내 대답이 걸작이었다.

"다들 알고 있는 줄 알았죠."

《딴지일보》 김창규 편집장이 늘 말하던 '전문가의 오류'다.

남들도 다 알고 있는 줄 알았다. 이날의 기억 덕분에 전쟁으로 보는 국제정치 시리즈가 시작됐다. 러일전쟁을 통해 일본이 세계무대에 등장했고, 워싱턴 해군 군축 조약으로 힘을 비축하고 태평양 전쟁으로 파멸하는 40여 년간의 연대기를 한번 써보자는 생각이 문득 들었다. 분명 일본의 전쟁이었지만 한반도는 이 일본의 전쟁에 휩쓸릴 수밖에 없었다. 어떤 때는 전리품으로, 또 어떤 때는 주변국과의 외교협상에서 지렛대로 활용됐던 한반도. 이 한반도에 사는 사람으로서 국제정치 감각은 선택이 아니라 필수다.

어쩌면 이 책들은 이러한 국제정치 감각을 일깨우기 위한 작은 발버둥일 수도 있다. 지난 3년간 이 시리즈를 쓰면서 많은 일이 있었다. 그중 기억에 남는 건 국회도서관에서 도서대출 이용자 순위 10위 안에 들었다는 소식을 들은 일과 외교부 직원들을 위한 교육용 프로그램 제작에 이 책들이 기반이 되어 동영상 콘텐츠가 만들어진 일이다.

이 시리즈 책들을 내면서 얼마나 많은 사람에게 읽힐까 고민했지만 이내 마음을 비우자고 스스로를 다독였다. 다행히도 누군가는 이 책들을 읽어주었고 분에 넘치는 응원을 받았기에 3년을 버텼던 것 같다.

  부족한 글이지만 욕심을 조금 부려보자면 이 시리즈를 통해서 국제정치의 냉혹함과 작동 원리의 그 일단一端이라도 독자들이 알 수 있기를 바란다. 만약, 그럴 수 있다면 지난 3년간 글을 쓴 보람을 느낄 수 있을 것 같다.

  끝으로 지난 3년간 불친절한 원고를 불평 없이 실어준 《딴지일보》 김창규 편집장과 편집자들, 그리고 이 시리즈를 다섯 권의 책으로 출판해준 도서출판 생각비행에 감사의 인사를 전한다. 천성의 게으름 덕분에 한 번 쓴 원고는 되돌아보지 않고 바로 넘기는 통에 편집하는 데 많은 수고를 했음을 알고 있다. 무엇보다 불친절한 글을 불평 없이 읽어준 분들에게 다시 한번 감사의 말을 전한다.

2017년 12월 대전에서

• 차례 •

머리말 — 한반도에서 국제정치 감각은 필수이다 _ 4

01 — 불의 도시 I , 지옥의 시작   11
불타는 도시 _ 14 ㅣ 일본의 자신감 _ 16
커티스 르메이와 B-29가 만났을 때 _ 19

02 — 불의 도시 II , 파국으로 향하는 일본   27
폭격을 막을 수 없었던 일본 _ 28 ㅣ 금붕어에 집착한 일본인 _ 34

03 — 본토결전   39
본토결전 _ 43 ㅣ 죽음으로 내몰린 일본 국민 _ 48

04 — 종전을 향한 각자의 희망   53
전쟁을 끝낸다는 것 _ 59

05 — 덴노를 보호하라   73
태평양의 이리 떼들 _ 75 ㅣ 사이판 함락 막전막후 _ 80

06 — 침몰 작전, 일본이 선택한 공허한 명예   89
고노에의 '최후의 카드' _ 94

07 — 원자폭탄 그리고 소련   105
맨해튼 프로젝트 _ 110

08 — 트루먼의 고민과 스탈린의 욕심   119
절차적 정당성 _ 121 ㅣ 트루먼의 의심 vs 스탈린의 욕심 _ 128

09 — 미국과 소련의 수싸움　　　　　　　　　　133
소련과 일본 사이 _ 140

10 — 일본의 소련 짝사랑　　　　　　　　　　147
소련에 목매는 일본 _ 150 | 미국과 일본 _ 157

11 — 포츠담 선언　　　　　　　　　　　　　　161
일본에 대한 최후 통첩 _ 165

12 — 일본의 실수　　　　　　　　　　　　　　173
망상, 그리고 결정적 실수 _ 180

13 — '묵살'의 대가　　　　　　　　　　　　　185
원자폭탄이 떨어지다 _ 191

14 — 덴노의 결단　　　　　　　　　　　　　　199

15 — 종전으로 가는 길　　　　　　　　　　　209
아직 끝나지 않은 전쟁 _ 211

16 — 옥음방송　　　　　　　　　　　　　　　221
방송 녹음 막전막후 _ 223

17 — 전후　　　　　　　　　　　　　　　　　235
전후 _ 237 | 그리고 한국 _ 243

참고 자료 — 248

01

불의 도시 I,
지옥의 시작

1942년 4월 18일 미 육군 항공대의 제임스 둘리틀James Harold Doolittle 중령이 이끄는 16대의 폭격기가 도쿄를 비롯한 일본의 주요 도시를 폭격했다. 일본의 진주만 공습에 대한 미국의 반격이었다.

미국의 폭격은 일본 군부와 국민에게 엄청난 정신적 충격을 건넸고, 이후 미드웨이 해전의 단초가 되었다. 물론 전과만 생각하면 진주만에 대한 보복으로는 미약했다. 사상자 50여 명, 석유저장소, 제철공장, 발전소 등에 피해를 입혔고, 항공모함 류호에 상처를 입힌 정도랄까. 민간인의 가옥 피해도 있었지만 전과에 포함시키기에는 민망한 수준이다.

그러나 이것이 불과 16대의 B-25 미첼 폭격기로 이뤄낸 성과라는 걸 고려해야 한다. 아울러 이 공격의 애초 목적은 실질적 타격이 아니라 고도의 심리적 타격이었다.

"우리도 너희를 때릴 수 있다!"

둘리틀의 폭격이 심리적인 부분에 초점을 맞췄다는 사실을 생각하면 꽤 준수한 성과였다. 이 덕분에 미국 국민의 사기는 치솟아 올랐고, 일본 군부와 국민은 덴노의 황궁이 적의 폭격 앞에 무방비하게 노출됐다는 두려움에 떨어야 했다. 여기까지는 둘리틀 폭격대에 대한 일반적인 상식이다. 하지만 둘리틀 폭격대가 일본 본토에 뿌린 건 폭탄만이 아니었다.

미 육군 항공대는 제임스 둘리틀 중령(왼쪽에서 두 번째)의 지휘 아래 도쿄, 요코하마, 요코스카, 가와사키, 나고야, 고베, 와카야마, 오사카 등 일본의 주요 도시를 B-25 미첼 폭격기 16대로 폭격했다.

불타는 도시

1923년 9월 11일 리히터 규모 8.4의 대지진이 일본 수도권을 강타했다. 이는 훗날 역사에 관동대지진關東大地震으로 기록된 대사건이다. 이 지진 덕분에 무고한 조선인과 중국인들이 학살당했고, 박열朴烈 열사와 그의 아내 가네코 후미코金子文子가 악화된 여론을 돌리려는 일본 정부에 의해 덴노 암살범으로 내몰렸다.

어느 정도의 피해였기에 일본 정부는 대역사건까지 조작했을까?

박열과 가네코 후미코

관동대지진(요코하마)

당시 기록에 따르면 관동대지진으로 14만 2000명 이상이 사망했고 3만 7000여 명이 실종됐다. 가옥은 10만 9000여 채가 파괴됐고 10만 2000여 채는 반파됐다. 재난이란 표현만으론 부족할 만큼의 대참사였다. 이 대목에서 주목해야 할 것은 14만 명이 넘는 사망자들의 사망 원인이다. 피해자의 9할 이상이 화재로 죽었다. 어쩌다 이렇게 됐을까?

먼저 지진이 일어난 시간이 오전 11시 58분이라는 점을 생각할 필요가 있다. 한창 점심 준비를 하는 시간이므로 대부분의 가정이나 요식업소에서 불을 사용하고 있었다. 안타깝게도 당시 일본의 거의 대다수 가옥들이 나무와 종이로 만들어져 불이 잘 붙을 수밖에 없었다.

관동대지진 이전에도 우발적인 사건으로 화재가 발생하는 일이 빈번했다. 한겨울에 밥을 짓기 위해 숯불을 지피다가 숯불의 불똥이 흩날리거나 불쏘시개로 사용하던 종이에 옮겨붙어 큰 화재로 번지는 경우가 적지 않았다. 더 놀라운 사실은 도쿄의 절반을 불태워버린 관동대지진 이후에도 일본은 화재에 대한 뾰족한 대책을 세우지 못했다는 점이다.

이러한 상황에서 둘리틀의 공습까지 있었다. 과연 일본은 어떻게 대응했을까?

일본의 자신감

둘리틀의 공습은 일본인들에게 잘못된 편견을 심어주었다.

"미국의 폭탄은 두려워할 게 못된다."

16대의 경폭격기가 흩뿌린 한줌도 안 되는 폭탄을 경험한 일본은 미국의 폭탄이 그리 두려운 대상이 아니라고, 불이 붙더라도 충분히 소화가 가능하다고 자신했다. 이는 당시 일본 정부의 발표도 있었지만 실제로 폭격을 경험한 일본 국민 대부분의 반응이었다. 그럼에도 불구하고 일본 군부와 정부는 재빨리 '공습대책'을 준비했다.

당시 일본 전역에는 100만 개가 넘는 '반상회'가 있었다. 10~12세대를 한 단위로 묶어 관리하는 조직으로 총력 동원의 토대였다. 정부는 각 가정마다 모래, 물탱크, 양동이, 삽, 빗자루를 준비하게 했고, 이를 반상회를 통해 감시·감독했다. 아울러 이 모래와 양동이, 빗자루를 가지고 '소이탄'을 진화하는 훈련을 하기 시작했다(빗자루와 양동이로 소이탄을 진화할 수 있다는 믿음은 어디서 나온 걸까?). 훈련의 대부분은 반상회 조직을 동원한 양동이 릴레이 전달 훈련이었다. 이 훈련이 끝나고 난 다음에는 '필승의 방공 선서'라 하여 하늘을 지켜내겠다는 선서를 했다.

여기까지만 보면 일종의 해프닝이라고 말할 수 있겠지만 전쟁이 장기화되면서 일본 정부도 자신들의 방공망을 강화해 미국의 공격에 대비해야 한다는 사실을 어렴풋이 깨닫게 된다.

1943년 일본은 새로운 국민 방공법을 선포한다. 이 방공법의 핵심은 주요 전략물자를 생산하는 노동자들은 공습기간 중에는 도시를 떠날 수 없다는 내용이 핵심이었다. 집집마다 방공호를 만들라는 지시가 내려졌고 사람이 많이 모이는 상점가에는 참호를 파게 했다. 술을 마시거나 물건을 사러왔다가 폭격이 이어지는 경우를 대비하기 위해서였다.

당시 일본인들은 상점가 참호에 대해 불만이 많았다. 등화관제를 한 상황에서 익숙지 않은 길을 걷다가 참호에 빠질 때가 많았기 때문이다. 참호는 수많은 '골절 환자'를 양산해냈다. 미국의 폭격과 뒤이은 화재를 겪은 후 상점가에 비치한 방화수통들도 문제였다. 방화수통은 고여 있는 물이 썩으면서 어느새 '모기 양식장'으로 변하곤 했다.

이런 원성에도 불구하고 일본 정부는 한 걸음 한 걸음 다가오는 미군의 발자국 소리에 대비하기 위해 부산을 떨었다. 미국이 솔로몬과 뉴기니를 함락하고, 길버트 군도를 점령하자 그 즉시 도쿄 우에노 공원의 사자를 비롯한 대형 육식동물, 초식이지만 코끼리와 같이 사람에게 위해를 끼칠 수 있는 동물들을 모두 죽였다. 독일의 베를린 공방전 당시 동물원에서 뛰쳐나온 동물들이 총알과 포탄이 난무하는 베를린 시내를 이리저리 뛰어다녔던 걸 생각한다면 발빠른 대처였다고 말할 수 있다.

1943년 말이 되자 일본 내무성은 도쿄에 방공 총본부를 설치한다. 이 방공 총본부가 의욕적으로 추진했던 정책이 바로 방화대防火帶 설치였다. 화재 시 불이 번지는 걸 막기 위한 방화선의 설치라고 생각하면 이해가 빠를 것이다.

　종이와 나무로 만든 집들이 즐비하고 인구밀도는 세계 최고 수준을 자랑하는 도쿄에 소이탄이 떨어진다면 어떻게 될까? 아마도 불지옥일 것이다. 이를 막기 위해 구역마다 방화대를 설치하겠다고 나섰다. 그 결과 방화대 지역으로 낙점된 곳의 가옥과 빌딩들이 허물어졌다. 그렇다면 그곳에 거주하던 사람들은 어떻게 됐을까? 이들은 정부가 지정한 버려진 빌딩이나 주변 친척집으로 거처를 옮기거나 지방으로 이주했다. 그 수만 2만 명이 넘었다. 그러나 이런 노력은 시대를 초월한 폭격기와 한 남자의 등장으로 모두 물거품이 되고 만다.

커티스 르메이와 B-29가 만났을 때

1943년부터 생산돼 1946년까지 3970대가 생산된 B-29는 당시 구현할 수 있는, 머릿속에서 상상할 수 있는 모든 신기술을 집약한 첨단 기술의 총합이었다. 엔진 출력이나 선내 여압

조정이 되는 조종실, 중앙제어식 기관총좌, 그리고 이를 뒷받침하는 초기형 컴퓨터(컴퓨터라기보다는 계산기에 가깝지만), 고도 3만 피트에서 항속거리 5000킬로미터가 넘어가는 어마어마한 작전행동 반경까지. 일본에게는 재앙이었지만 미국에게는 필승의 카드였다.

당시 B-29의 개발은 미국으로서도 엄청난 도박이었다.

"30억 달러의 도박."

B-29개발 프로젝트를 지켜보던 미 육군 항공대의 공통된 생각이었다. 원자폭탄을 개발하는 맨하튼 프로젝트의 비용이 20억 달러였던 점을 생각하면 말 그대로 '도박'이었다.

그 과정 역시 성공을 장담할 수 없는 도박에 가까웠다. 보통 전투기나 항공기를 개발할 때는 시험제작기를 만들고 그것을 토대로 각종 시험과 개량을 거쳐 완성도를 높여가다 작전 요구 성능에 부합된다는 판정을 받으면 그때부터 양산체제에 들어가는 것이 통례다. 그러나 B-29는 이런 과정 자체가 생략됐다. B-29의 프로토타입이라고 할 수 있는 YB-29가 만들어지기 전에, 아니 설계도면이 겨우 완성된 상태에서 해당 생산업체에 발주가 들어갔다. 즉, 설계도만 보고 생산업체에 발주를 넣어 부품 생산에 들어간 셈이다(설계도 완성에 관해 이야깃거리가 많은데, 누구도 만들어보지 못한 이 '괴물'을 만드는 데 겨우 2년 남짓한 시간이 걸렸다. 수천 명의 항공기술자, 설계사들이 참여해 '뚝딱' 찍어낸 것이다. 1941년 5월 히틀러가 소련으로 치고 들어가기 직전까지만 하더라도 개념연구 단계였던 이 폭격기는 진주만 공습과 국제정세의 획기적인 변화 앞에서 번갯불에 콩 구워먹듯 만들어졌다).

덕분에 보잉사社는 오늘날 최고의 민항기 생산업체가 될 수

보잉의 B-29 조립 라인

있었다. B-29를 개발하면서 얻게 된 여압 설계 능력과 장거리 운항 능력의 확보는 이후 생산되는 보잉 여객기 개발의 단초가 되었다.

오늘날 여객기의 경우 통상 기내 1만 미터 상공에서 운항한다면, 기내에 있는 승객들은 해발 1500~2000미터에서 느낄 수 있는 0.8기압의 영향을 받는다(비행기 안에서 귀가 먹먹해지는 경험이 바로 그 증거다). 간단히 설명하면 기압은 고도가 높아질수록 낮아진다. 사람은 대기압(1기압)과 차이가 많이 나는 기압의 영향을 받을 경우 '문제'가 발생한다. 이 문제를 막기 위해 여객기 내에는 공기 압축장치인 콤프레셔를 통해 기압을 맞추고 산소를 공급해준다.

B-29는 바로 이러한 여압 장치가 달려 있었고, 이 덕분에 더 높은 고도에서 '쾌적한 폭격'을 할 수 있었다. 당시 일본 군부는 B-29의 승무원들이 제대로 된 항공복을 착용하지 않고 비행하는 걸 보며 미국이 물자 부족으로 조종사와 항공병에게 항공복도 제대로 지급하지 못하는 상황이라고 선전했지만 말이다.

B-29가 드디어 일본 상공에 등장했다. 그리고 1945년 2월, 대일對日 폭격을 책임지는 제21폭격기 사령부 사령관으로 커

B-17 승무원(위)과 B-29 승무원(아래): B-29가 등장하기 전 유럽 전선을 종횡무진 휩쓸고 다니던 B-17의 승무원들을 보면, 두꺼운 가죽 점퍼에 입에는 산소마스크를 착용하고 있다. 그러나 B-29의 승무원들을 보면 평범한 제복 차림에 한결 여유로운 모습을 확인할 수 있다.

커티스 르메이

티스 르메이Curtis Emerson LeMay가 취임했다.

"무고한 민간인은 없다."

베트남전쟁 당시 베트남을 폭격해 석기시대로 돌려놔야 한다는 주장으로 주변을 아연실색하게 했던 '인간 백정'이 등장한 것이다. 그는 취임하자마자 효과 없는 고고도 폭격 대신 저고도 폭격을 명령한다(당시 고고도 폭격의 명중률은 2퍼센트에 불과했다). 아울러 폭탄의 종류도 바꿨다. 일본의 주택이 주로 나무와 종이로 만들어졌다는 점에 착안해 폭격기에 소이탄을

공습으로 불타는 도쿄

가득 채운 뒤 날렸다. 도쿄 대공습의 시작이다.

"1945년 3월 9일"

사이판과 티이안 섬에서 344대의 B-29가 날아올랐다. 이들은 총 2400여 톤의 소이탄을 도쿄에 떨어뜨렸는데, 이때 당시 B-29들은 한 발이라도 더 많은 폭탄을 장착하기 위해 방어기

총을 떼어내고 탄약도 덜어냈다. 이들은 도쿄 시내 8500여 곳에 골고루 폭탄을 떨어뜨렸고, 그 결과 12만 명의 사망자(일부에선 19만 7000명이란 주장도 있다)가 발생했고, 가옥 25만 동이 순식간에 잿더미로 변했다. 지옥이 시작됐다.

02

불의 도시 II,
파국으로 향하는 일본

1944년 여름 마리아나 제도가 미군에 의해 점령됐을 때 일본 정부는 태평양전쟁 전 기간 중 가장 상식적이고 효과적인 '공습대책' 하나를 내놓게 된다. 바로 학생들의 피난이었다. 약 40만 명에 달하는 학생들을 시골로 대피시켰다. 도쿄 한곳에서만 25만 명의 학생들이 주변 12개 현으로 분산 수용됐다. 그러나 상식은 여기까지였다.

폭격을 막을 수 없었던 일본

B-29의 폭격에 일본은 속수무책으로 당할 수밖에 없었다. 미국이란 나라의 국력을 생각한다면 당연한 이야기겠지만 그래

도 너무 허무하게 당했다. 이유가 뭘까? 여기에는 일본의 '실수'가 함께했다. 하나씩 살펴보자.

첫째, 조기경보체계의 미비

1940년 영국 본토항공전Battle Of Britain 당시 영국 공군의 보유 전투기는 590여 대 남짓인 반면, 독일 공군은 1300여 대의 전투기를 자랑했다. 이 수적 차이를 극복할 수 있던 건 영국 전투기 조종사의 엄청난 감투 정신과 홈그라운드의 이점, 괴링의 실수(Bf-109는 그때까지 낙하식 연료탱크를 달지 않았다), 그리고 레이더 덕분이었다.

미사일과 제트전투기가 날아다니는 현대전에서 조기경보는 전쟁의 승패를 좌우하는 핵심요소이다. 음속으로 날아다니는 전투기는 전쟁의 속도를 극단적으로 빠르게 진행시켰다. 2차 세계 대전은 그 시작이 된 전쟁이었다.

적의 전투기가 날아오기 전에 미리 대비 태세를 갖추는 것은 모든 군인이 꿈꾸는 이상적인 전장 환경이다. 그걸 가능케 하기 위해서는 무엇보다 적의 움직임을 감시하는 '눈'이 필요하다. 바로 레이더다. 당시 일본군은 2차 세계 대전 주요 참전국들 중 가장 수준이 떨어지는 레이더를 보유하고 있었다. 더욱 안타까운 건 선진 레이더 기술을 확보할 수 있는 기회가 있었다는 사실이다.

1926년 영국에 유학 중이던 야기 히데츠구八木 秀次와 그의 조수였던 우다 신타로宇田 新太郎는 레이더의 원형이 되는 기술을 최초로 개발해냈다. 소위 말하는 '야기 우다 안테나'다(실제로는 조수인 우다가 개발했지만, 그의 담당 교수였던 야기가 특허를 가로챘다. 그때나 지금이나 대학은 이런 일이 많은가 보다).

그러나 당시 일본 군부는 이 레이더의 채용을 반대했다. 일본군은 기습에 의한 일격필살을 전략의 기본으로 삼고 있기 때문에 전파를 쏘아 아군의 위치를 스스로 드러내는 기술을 받아들일 수 없다는 논리였다. 물론 말도 안 되는 논리였다. 조기경보체계의 구축을 위해 사용할 수도 있었을 텐데 어리

야기 히데츠구(왼쪽)와 우다 신타로(오른쪽)

생각비행에서
만든 책들

어린이
–
청소년

이메일 | ideas0419@hanmail.net
블로그 | www.ideas0419.com
전화 02-3141-0485
팩스 02-3141-0486
주소 서울시 마포구 월드컵북로 132, 402호

나답게 살기 위한 최고의 준비

생각비행 진로 탐색

이제는 대학이 아니라 직업이다
나답게 살기 위한 최고의 준비

손영배 지음 | 15,000원

코로나19의 세계적 대유행으로 온라인 비대면 수업이 일상이 되고 AI 기술이 교육에 접목되는 상황에서, 학생들은 적성과 능력에 맞추어 직업을 찾고 전문성을 높이기 위한 '진짜 공부'를 할 때다.

● 2018 세종도서 교양부문 선정도서

진로독서 워크북
이제는 대학이 아니라 직업이다

손영배 지음 | 7,000원

4차 산업혁명 시대 직업 세계에 대한 정확한 정보를 스스로 모색하여 다양한 진로의 출구가 있음을 발견하게 함으로써 학생 스스로 희망찬 미래를 설계하도록 돕는다.

이제는 대학이 아니라 직업이다
+진로독서 워크북 세트

손영배 지음 | 22,000원

자신의 적성과 진로를 찾아 하고 싶은 일을 하며 살아가야 할 미래 세대에게 시대의 변화를 인식하고 전문성을 높이기 위한 '진짜 공부'를 알려주는 나침반이 되어준다.

만화입시: 기초부터 실전 테크닉까지
상황표현＋칸만화

만화입시를 위한 시놉시스, 콘티, 만화 연출, 채색의 기초와 완성

길문섭 지음 | 18,000원

만화애니메이션으로 꿈을 그리는 학생들에게 스스로의 힘으로 만화입시를 준비할 수 있도록 기초부터 실전까지 유익한 길잡이가 되어준다.

석은 판단이었다. 다시 말하지만 당시 일본군은 사람은 많은데 물자가 귀한 상황이었다. 인간의 희생으로 감당할 수 있는 문제에는 딱히 돈을 쓸 생각이 없었다.

"인간의 능력은 무궁무진하다. 훈련을 통해 시력을 발달시키면 조기경보체계는 완성된다."

이 논리대로 라면 세상의 모든 안경점은 망할 것이다. 일본은 자신들이 개발한 우수한 조기경보체계를 버렸고, 안타깝게도 이 기술을 주워간 이들이 바로 연합국이다. 뒤늦게 레이더의 성능을 확인한 일본군은 레이더 개발에 뛰어들었지만 이미 기술의 격차는 엄청나게 벌어졌고, 투입할 물자도 인력도 시간도 남아 있지 않았다.

더 큰 문제는 일본의 지리적 위치였다. 도쿄를 비롯해 일본의 주요 도시는 태평양에 접해 있고 그 앞에는 아무것도 없다는 것이 문제였다. 조기경보체제 완성을 위해 레이더 기지를 세우고 싶어도 적당한 위치가 없었다. 이오지마가 함락된 이후 일본은 논스톱으로 뚫린 고속도로처럼 B-29를 코앞에서 확인해야 했다.

둘째, 요격 능력의 부족

B-29가 날아왔다 하더라도 이를 요격하면 문제가 달라진다. 유럽전선에서 독일 본토 폭격을 했던 B-17, B-24 폭격기의 피해율을 보면 알 수 있는데, 1943년까지 이들의 1회 폭격 시 피해율은 5퍼센트에 이르렀다. 5퍼센트가 별거 아닌 수치 같지만 20번 폭격하면 모두 격추된다는 의미다. 그렇다면 일본은 어땠을까?

우선 요격기가 없었다. 일본이 그렇게 자랑하던 제로센은 B-29를 추격해 올라가다가 날개가 부러져 추락하기 일쑤였다(물리적으로 동체가 부러졌다). 총 중량의 10만분의 1까지 관리했던 제로센이기에 강도에 문제가 있었다. 신형기를 투입해도 성과는 마찬가지였다. 하야테疾風 같은 신형기를 투입했지만 일단 그 수도 적었고, 대전 말기가 되면 일본 공업생산력이 급락하면서 품질 관리도 되지 않았다. 카탈로그만으로 보면 충분히 대적할 만했지만, 공업생산력과 품질 문제로 제 성능을 발휘하지 못했다. 게다가 B-29에 호위기인 머스탱을 붙이자 요격은 더 힘들어졌다.

요격할 수 없으면 대공포로 격추하면 되지 않을까? 하지만 이 역시도 문제였다. 당시 일본은 대공포가 부족했다. 아니,

일본을 폭격하는 B-29

대공포 자체를 등한시했다.

"신주불멸神州不滅"

해석하자면 '신들의 나라인 일본은 절대 망하지 않는다'란 뜻이다. 태평양전쟁 전까지 일본은 본토에서 전쟁을 치르지 않았다. 언제나 외국에 나가 전쟁을 치렀다. 이러다 보니 본토 방어에 대한 개념, 그것도 대공무기에 대한 필요성을 느끼지 못했다. 여기에 신주불멸이란 엉뚱한 믿음까지 더해지면서(무사안일이라고 보는 게 맞다) 이들은 대공화기 개발에 소극적이었다. 그나마 쓸 만한 대공무기라고 해봤자 독일 대공포의 복제품이 고작이었고, 이마저도 거듭된 공습에 모두 소진됐다. 일본은 속수무책으로 B-29를 올려다보는 게 고작이었다.

금붕어에 집착한 일본인

커티스 르메이가 일본을 불태워버리겠다며 연일 맹공습을 하던 그때 일본의 민간인들이 믿고 의지했던 유일한 희망이 하나 있었다. 바로 금붕어다.

폭격에 의해 무너진 집에서 상처 하나 없이 빠져나온 부부가 있었다. 10만 명이 넘는 사망자가 나온 도쿄에서 이는 기적이었다. 이 부부는 자신들이 살아나온 이유를 불타버린 집 폐허에서 발견된 두 마리의 금붕어에게서 찾았다. 자신들이 키우던 금붕어가 자신들을 대신해 죽었다며, 죽은 금붕어 시체를 가까운 절로 가져가 매장했다.

이 이야기는 순식간에 일본 전역으로 퍼졌고, 도쿄에 있는 금붕어란 금붕어는 날개 돋친 듯 팔려나갔다. 가격은 천정부

지로 뛰어올랐고, 급기야 붕어를 금붕어처럼 칠해 파는 상인들까지 등장했다. 이 가짜 금붕어들도 엄청난 가격으로 팔려나갈 만큼 당시 일본인들은 의지할 곳이 없었다.

이 상황에서도 미군의 폭격은 계속 이어졌다.

- 3월 9일 도쿄 공습: 도시 면적 41km² 전소. 사망자 10만여 명 이상. 건물 26만 7000여 동 파괴
- 3월 11일 나고야 공습: 도시 면적 5.3km² 전소
- 3월 13일 오사카 공습: 도시 면적 21km² 전소. 사망자 4000여 명, 행방불명자 500여 명
- 3월 16일 고베 공습: 도시 면적 18km². 사망자 8000여 명. 이재민 65만여 명
- 3월 18일 나고야 2차 공습: 도시 면적 7.6km² 전소

1945년 3월 한 달 동안 일본 정부가 속수무책으로 당하고 앉아 있는 동안 커티스 르메이는 일본 전역에 당당하게 폭격 경고문을 뿌리는 여유와 함께 한 달 간 임시휴업에 들어갔다. 여러 이유가 있지만 폭탄의 재고 부족(그동안 너무 뿌려서)과 해군의 지원 요청 등에 의해 잠시 쉬어갔다(B-29는 여러모로 쓸모

공습당한 오사카

가 많았는데 기뢰투하 임무에도 동원됐다). 그 대신 일본 항만 도시에 1만 2000개의 기뢰를 촘촘하게 깔았다. 일본을 아예 굶겨 죽이겠다는 '기아작전'의 시작이었다. 섬나라인 일본은 해상 수송이 막히는 순간 손가락을 빨아야 한다. 기뢰 때문에 일본은 100만 톤이 넘는 수송 선단이 침몰했고, 원자재 수입량은 80퍼센트 이상 감소했다.

그 사이 일본 민간인들은 살기 위해 요코하마로 도망가기 시작했다. 도쿄 남쪽에 위치한 요코하마는 미군의 폭격 대상 도시 명단에 한 번도 들어가지 않았다. 일본의 대도시가 하루에 하나씩 사라져가는 동안에도 요코하마는 무사했다. 일본 정부가 손을 놓고 있는 사이 일본 민간인들은 살기 위해 지푸라기라도 잡아야 했다. 그렇다면 미국은 왜 요코하마를 폭격하지 않은 걸까?

"미국이 상륙하기 위해서는 대규모 도크가 필요하다. 미군은 요코하마에서 상륙하기 위해 요코하마를 폭격하지 않은 거다!"

당시 일본인들 사이에는 이런 '망상'이 퍼져나갔고, 급기야 요코하마로 들어가는 국도는 민간인들로 가득 메워졌다. 그러나 이 망상은 곧 산산조각 나고 말았다.
1945년 5월 29일 B-29가 요코하마를 폭격했다. 요코하마의 반이 재가 돼버렸다. 그나마 다행이라면 민간인 사망자는 5000여 명에 불과했다는 정도였다. 역설적이게도 그 당시 가장 안전한 도시는 도쿄였다. 여섯 차례에 걸친 폭격으로 도쿄에는 더 이상 목표로 할 만한 게 없었기 때문이다.
여름이 되면서 일본의 모든 상황은 최악으로 치닫고 있었다. 7월까지 미국은 9만 톤에 가까운 폭탄을 일본에 투하

했다. 총면적 330제곱킬로미터의 26개 도시를 초토화시켰고, 건물 약 250만 동이 소실됐다. 일본 산업계의 총생산량은 1944년 최고생산량의 40퍼센트로 떨어졌고, 석탄 생산은 반으로 줄었으며, 석유 정유량은 15퍼센트로 떨어졌다. 전쟁 수행에 필수인 군수품 생산 능력은 더 참담했다. 항공기 엔진 생산은 25퍼센트, 포와 화약의 생산량은 45퍼센트, 항공기 생산에 필수적인 알루미늄 생산량은 9퍼센트로 떨어졌다.

민간인 피해 역시 참담했다. 7월까지 약 50만 명의 일본인이 폭격으로 사망했고, 1300만 명이 집을 잃었다. 집을 잃은 이들이 결핵, 영양실조 혹은 다른 질병으로 사망한 것은 통계에서 빠졌다. 당시의 참혹한 상황을 보여주는 단면으로 도쿄의 인구 변화를 들 수 있는데, 전쟁 전인 1940년 도쿄의 인구는 400만 명이었으나 이때에 이르면 250만 명으로 줄었다.

생존자들은 개울가나 샘, 철도역 그리고 도시 외곽의 불타지 않은 지역에서 간신히 연명하고 있었다. 이들을 위해 일본 정부가 할 수 있는 유일한 대책은 그때까지 작동되던 국유철도망을 통해 그들이 가고 싶은 곳까지 갈 수 있는 무료승차권을 주는 게 고작이었다. 일본은 파국을 향해 가고 있었다.

03

본토결전

"만약 레이테에서 이기면 우리는 이 전쟁에서 승리한다."

1944년 11월 8일 고이소 구니아키 총리는 전 국민을 향한 라디오 방송에서 이와 같이 선언했다(고이소 자신도 이 발언에 대해서는 확신하지 못했다. 즉, 대외선전용 '구호'였을 뿐이다). 실제로 당시 일본 군부는 레이테만 전투에 전부를 걸었다. 고이소는 레이테만 전투를 덴노산天王山 전투라 부르며 의미를 부여했다.

덴노산 전투란 히데요시가 노부나가의 원수인 아케치 미쓰히데를 물리치고 권력을 잡은 야마자키 전투를 가리킨다. 그러나 고이소는 한 가지 착각을 하고 있었다. 일본은 미국을 이길 수 '있다 없다'의 문제가 아니라 일본 군부가 정부와 따로 놀고 있다는 사실이다.

고이소 구니아키

  1944년 10월 25일 이미 일본 연합함대 전력의 3분의 1이 레이테만 해전에서 분쇄됐고, 육군도 이미 손을 쓸 수 없을 정도로 밀리고 있었다. 그러나 아무도 이 사실을 고이소에게 알려 주지 않았다. 그렇기에 고이소는 레이테에서 이기면 전쟁에서 승리할 수 있다며 덴노산 전투를 언급한 것이다. 고이소가 레이테만 전투에서의 패전을 알게 된 때는 1944년 12월 20일, 덴노를 알현하기 직전이었다. 그때서야 육군 대신인 수기야마 하지메杉山元가 귓속말로 전했다.

  "최고사령부가 루손 섬에서 최후의 대결을 준비하기 위해 레이테에서 최후의 결전을 감행한다는 방침을 포기했다는 사실을 알려드려야 겠습니다."

황당함 그 자체였다. 전쟁 최고지도부의 일원이자 명목상 정부의 최고지도자가 덴노 알현 직전에서야 레이테만 전투의 포기 사실을 확인하다니…. 곧바로 이어진 히로히토 덴노와의 알현에서 고이소는 이 문제로 질책을 받는다.

"수상, 그대는 레이테가 이 전쟁의 덴노산이 된다고 했던 성명聲明을 어떠한 방법으로 정당화할 참인가?"

고이소는 할 말이 없었다. 이런 상황에서 루손에서도 패하고, 유황 역시 점령당했으며, 오키나와까지 빼앗기게 된다.

고이소 총리의 에피소드는 시사하는 바가 컸다. 고이소 내각은 도조 내각이 총 사퇴하고 나서 육군의 강력한 요구로 구성되었다. 즉, 육군의 요구로 고이소가 총리가 됐다는 말이다. 고이소 역시 육군 대장 출신으로 군부의 일원이라 불러도 무방한 인물이었다. 그럼에도 불구하고 육군은 그를 배척했다. 이때쯤 되면 일본 군부는 패망 직전의 혼란스러운 상태를 적

나라하게 보여준다. 하극상과 공포정치는 일상이 됐고, 정부 조직체계는 아예 무시됐다. 이제 일본의 패전은 확실시 됐다. 몰살당하기 전에 살길을 찾는 게 현명하지 않을까? 이 시점에서 정부의 일부 지도자들은 일본의 패전을 인식하고 강화 조약 체결을 모색하고 있었다. 그러나 일본 군부는 달랐다.

본토결전

"우리는 적과 본토에서 싸워 전세를 역전시킬 것이다. 그것을 위해 새로 16개 사단을 편성하고 있다. 적의 상륙 후 2주일 이내에 20개 사단을 투입해서 적을 일소하고 일본의 승리를 굳힐 것이다."

— 1945년 2월 6일 미야자키 슈이치 소장의 발언 중에서

1945년 2월 6일 일본 육군 본부에서는 본토 방어 정책을 공표했다. 이때 미야자키 슈이치宮崎周一는 필리핀 실함失陷을 인정하고 본토결전本土決戰을 말했다. 그리고 본토결전을 위해 새로이 부대를 편성하고, 만주로부터 병력을 충원할 것이라고

말했다. 미야자키는 미국 상륙군 1명 당 일본군 3명이 달라붙으면 충분히 승산이 있다는 논리를 전개했다.

당시 일본 육군이 예측한 미군의 상륙코스는 두 개였는데, 하나는 중국 본토에서 동해를 거쳐 일본에 상륙하는 북방루트고, 나머지 하나는 오키나와부터 치고 올라오는 남방루트였다. 일본군은 남쪽의 규슈를 주 방어선으로 선택했다.

1945년 2월 말부터 일본 육군은 본토결전에 대한 계획을 발표하며 분위기를 띄웠다.

"육군은 과달카날 전투 철수 이후 지상전에서 싸울 기회를 거의 갖지 못했다. 그러나 본토에서 적을 맞아 싸운다면 우리 육군은 그 무적의 우월성을 과시할 수 있을 것이다."

미야자키가 민간인 모임에서 연설한 내용이다. 일본 육군은 본토결전에서 승리한다면 미국을 이길 수 있다고 믿었다. 이미 미국은 전력의 한계까지 끌어모아 싸우고 있다고 판단했다(자기들 마음대로 해석한 거다). 그렇기에 결정적인 승리 한 번이면 전세를 역전할 수 있으리라 믿었다.

당시 그들 눈에는 미국의 기아작전 때문에 일본으로 향하

미야자키 슈이치

는 해상 수송선이 봉쇄됐고, 원자재의 80퍼센트가 바다에 수장됐으며 일본의 석유, 식량, 원자재 수입이 끊겼다는 사실, 그리고 하루가 멀다하고 날아와 일본의 대도시와 공장지대를 잿더미로 만드는 B-29의 은빛 날개가 보이지 않는 걸까 하는 의구심마저 든다. 어쨌든 일본은 본토결전을 위한 병력 확충에 나섰다. 2월 말에 열린 고위 장교 회의에서 연합군 상륙에 맞춰 40개 사단을 확보하고, 징집 연령을 낮춰 150만 명을 더 확보할 수 있다는 '긍정적인' 계획이 수립됐다.

일본 군부는 고이소 총리를 설득해 모든 중학교의 문을 닫았다. 그리고 중학생들에게 책과 연필 대신 삽과 곡괭이를 들게 했다. 이들은 농사를 지었고, 무기를 생산했으며, 군사훈련을 받았다. 이제 일본은 임산부를 제외한 13세에서 60세까지의 모든 남녀가 무기를 들고 상륙군을 저지해야 했다. 히로히토 덴노는 새로 창설한 40개의 연대에 연대기를 하사했다. 라디오 방송에서는 2000만 명의 학도가 전쟁을 위해 동원됐고, 농촌에서는 민병대가 편성됐다고 선전했다(독일 제3제국의 '국민돌격대Volkssturm'가 애교로 보일 정도다).

일본 군부는 '일정 수준'의 자신감이 있었다. 만주에 있던 경험 많은 전투부대가 속속 본토로 집결했고, 이들의 자신감은 승리에 대한 기대를 한껏 끌어올렸다. 하지만 실상은 달랐다. 만주에서 넘어 온 부대들은 오히려 '민폐'였다. 이들은 중국인이나 조선인을 대하듯 일본인을 대했는데, 전쟁에 대비한다며 참호나 진지를 구축한 것까지는 좋았으나 이 와중에 민가나 농지를 무참히 파괴했다. 또한 생산 현장의 '규율'을 잡겠다며 초급 장교들을 공장에 파견했는데 이들의 활약 덕분에 공장의 생산성이 더 떨어졌다. 그러나 일본 육군은 본토결전이 충분히 승산이 있다고 믿었다. 아니 그렇게 믿고 싶었다.

"바로 그 상륙지점에서 압도적인 수의 일본군을 맞게 될 것이며 적을 격퇴하여 바다 속으로 몰아넣을 때까지 공격은 계속될 것이다."

– 일본 육군 부참모총장 가와베 토라시로의 발언 중에서

1945년 6월 6일 일본 육해군은 〈장래 전쟁 수행에 관한 기본 정책〉이란 전투 계획을 전쟁지도부에 제출했다. 이 계획서 상에서 일본군의 강점은 크게 두 가지로 정리돼 있었다.

첫째, 방어에 유리한 지형
둘째, 충성으로 뭉친 국민

들쑥날쑥하게 길게 퍼져 있는 도서島嶼 지형의 일본 본토는 방어에 유리하다는 것과 덴노 아래 충성으로 뭉친 일본 국민이 가장 큰 강점이란 설명이다. 이들은 상륙군의 4분의 1을 바다에서 격파하고, 나머지 4분의 1을 상륙지점(해변)에서 격파한다면 미군은 막대한 인명 피해 앞에서 스스로 강화를 제안해올 것이라고 예상했다.

이를 위해 250만 명의 전투 병력과 이를 지원하기 위해 군사 훈련을 받은 400만 명의 민간인이 동원되며, 이들은 모두

실전에 투입될 수 있다고 명시했다. 아울러 2800만 명의 남녀를 국민 총동원령으로 소집해 수류탄, 활과 화살, 죽창 등으로 무장시킬 계획을 세웠다(재미난 사실은 일본 군부가 민간인들의 무장을 최후의 최후까지 미뤘다는 점이다. 무기 부족에서 원인을 찾을 수도 있겠지만 근본적으로 일본 군부는 총을 든 민간인에 대해 강한 거부감을 가지고 있었다. 민간인들이 총구를 어디로 돌릴까 군부는 자신할 수 없었기 때문이다).

가미카제 역시 착실히 준비했다. 항공기는 당시 육군이 7000대, 해군이 6000대를 동원할 수 있었는데, 이들 중 5255대를 특공 임무로 차출하려 했다. 이 계획은 이틀 후 전쟁최고회의에서 승인된다. 일본은 끝까지 가겠다는 의지를 보였다.

죽음으로 내몰린 일본 국민

일본 군부가 본토결전을 준비하며 국민 총동원령을 말함에도 일부 지식인들은 강화, 평화, 패전, 항복 등의 단어들을 생각했다. 상식이 있는 사람이라면 충분히 그럴 수 있었다. 당시 일본은 패망 직전의 상황이었다. 회광반조廻光返照라고 해야 할까?

본토결전이라는 최후의 발악하는 모습을 보면 뭔가 '해낼 것 같다'는 느낌이 들기도 하지만 상식적으로 생각한다면 이게 과연 가능한 일일까?

미군의 B-29가 하늘에서 불벼락을 떨어뜨리는 마당에 여중생들에게 나기나타(치도薙刀: 일본의 언월도와 같은 창)를 들고 싸우라고 등 떠미는 게 맞는 걸까? 실제로 당시의 많은 여중생이 나기나타와 죽창, 화궁和弓(일본 장궁)을 들고 본토결전을 준비했다.

상황이 이렇게 돌아가자 지식인들은 저마다 고민하기 시작

죽창을 든 일본 여성들

했다. 이를 감지한 군부는 헌병과 비밀경찰들을 동원해 이들을 색출해냈다. 평화를 생각하고, 이를 입에 올렸다는 이유만으로 400여 명의 사회 지도층 인사들이 체포됐다(마치 독일 제3제국 말기의 모습과 비슷하다).

마리아나 제도에서 패배한 뒤 정부지도자들 중에는 비밀리에 강화 조약을 추진하던 이들이 있었다. 바로 고노에 후미마로, 아카타 게이스케, 요나이 미츠마사, 요시다 시게루 등이 그들이다. 특히 전후 일본의 수상이 되어 일본 부흥의 초석을 다진 요시다 시게루는 당시 연합국과의 종전 교섭을 주장하

요시다 시게루

다가 헌병에게 체포돼 투옥됐다.

　이와 동시에 프로파간다Propaganda도 시작됐다. 일본 군부는 연합국이 추축국을 점령했을 당시 점령지에서 살인, 강간, 약탈을 했다는 소문을 퍼뜨렸다. 순진한 일본 국민은 군부가 퍼뜨린, 일본이 점령당하면 자신들은 어차피 죽거나 강간을 당할 것이라는 소문을 믿었다(미군이 포로들을 무자비하게 고문한 다음 잔혹하게 죽인다는 선전을 일본은 전쟁 초기부터 해왔다. 과달카날 전투에서 미군이 탱크의 캐터필러로 일본군 포로를 밟아 죽였다는 소문이 대표적이다. 당시 일본군과 일본 국민은 군부의 이런 선전을 추호도 의심하지 않고 믿었다. 그 결과 오키나와 집단 자살 등 군인뿐만 아니라 민간인들도 항복 대신 자살을 선택했다).

　민간인들에게 현실은 녹록치 않았다. 폭격에 죽지 않더라도 죽음은 이미 턱밑까지 차올라왔다. 식량 부족과 가옥 파괴로 결핵과 폐렴(밤이슬을 맞아야 했기에)이 급증했고, 병에 걸리지 않더라도 영양실조로 싸울 기력은 고사하고 생명 유지도 힘들었다. 그나마 명맥을 유지하던 암시장은 1945년 7월이 되면서 아예 사라졌다. 거래할 식량이 다 떨어졌기 때문이다. 시골로 분산 수용된 학생들은 잡초와 양치식물을 한 데 섞어 먹어야 했고, 비단 공장에서는 실을 뽑은 후 누에고치 번데기를 삶아서 먹었다. 하루 최소 섭취해야 할 칼로리인 1200칼로리를 공급받는 일본인은 거의 없었다.

상황이 이렇게 되자 치안 역시 극도로 나빠지기 시작했다. 강도, 소매치기, 절도는 일상이 됐고 초등학생의 도시락을 훔쳐 먹거나 폭격당한 이웃집 물건을 훔치는 일도 당연시됐다. 전쟁은 인간성을 파괴했고, 최소한의 양심마저 붕괴시켰다.

1945년 7월 일본은 버틸 수 있는 한계선을 넘어섰다. 남은 건 그들 말처럼 부서진 기왓장이 되어 길가에 굴러다니거나 옥처럼 부서지는 것뿐이었다.

04

종전을 향한 각자의 희망

일본 천황가의 식구(천황가에서 분가한 후지와라 씨의 분파)이자 세습 공작과 세 번의 총리 경험이 있는 고노에 후미마로는 히로히토 덴노에게 상주문을 올렸다. 당시 분위기를 고려한다면 그만이 할 수 있는 발언이었다.

"… 유감스럽게도 패전은 멀지 않은 것 같습니다. 따라서 그러한 전제 하에 몇 가지 말씀을 드리겠습니다. 패전은 국체호지國體護持에 큰 문제가 되겠지만 지금까지 영미 여론은 국체의 변경을 주장하고 있지는 않습니다. 따라서 장래에 어떻게 변화될지 알 수는 없으나 패전에 의해 국체의 변경을 걱정할 필요는 없을 것 같습니다.

국체호지의 명분이나 패전보다 더 우려되는 것은 패전에

수반되어 발생할 수 있는 공산혁명입니다. … (중략) …

작금, 위급한 전황을 빌미로 일억옥쇄를 외치는 목소리가 높아지고 있습니다. 그런 주장을 하는 자들은 우익인사들이겠지만 그 배후에는 선동에 의해 국내를 혼란시켜 혁명을 달성하려는 공산분자들이 있습니다. 군부 내에서는 철저한 영미 격멸을 외치면서 어떤 희생을 치르더라도 소련과 제휴해야 한다고 주장하는 자도 있습니다. 금후, 전황이 더욱 악화되면 그들의 세력은 급속히 확산될 수 있습니다. … (중략) …

전쟁 종결의 최대 장애는 만주사변 이래 오늘까지 시국을 좌지우지해온 군부 내의 일부 강경파입니다. 그들은 이미 전쟁을 계속 수행할 자신을 잃었지만 지금까지의 면목 때문에 계속적인 저항을 주장하고 있습니다. 만약 이들을 일소하지 않고 조급하게 전쟁 종결의 순서를 밟으면 우익과 좌익의 민간 인사들이 그들과 함께 혼란을 야기할 것이므로 소기의 목적이 달성되지 않을 수도 있습니다. 따라서 전쟁을 종결하고자 할 때는 그들을 먼저 일소해야 합니다…."

― 1945년 2월 고노에 후미마로가 덴노에게 올린 상주문 중에서

고노에가 올린 상주문에서 우리가 꼭 살펴봐야 할 말이 있다.

- 국체호지
- 군부 내의 일부 강경파
- 공산혁명

 상주문의 내용을 좀 더 살펴보자면 고노에는 패전 이후의 혁명을 진심으로 걱정했다(고노에는 이전부터 공산혁명에 대해 두려움을 가지고 있었다).

 "… 특히 1935년 인민전선전술에 의한 2단계 혁명전술을 채택한 이래, 최근의 코민테른 해산까지의 과정에서 그들의 적화 음모를 경시하는 경향이 있지만 이는 피상적이고 안일한 생각입니다."

 고노에는 이를 막아내기 위해 조속한 종전과 군부 강경파의 제거를 히로히토 덴노에게 건의했다. 이 대목에서 주목해야 할 점은 '국체호지'란 말이다. 지금도 일본 우익들 입에서 종종 흘러나오는 국체호지에서 도대체 국체란 뭘까? 사전적 의미로만 보자면 '주권의 소재에 구별되는 국가형태' 혹은 '국가의 체면' 등으로 해석이 가능할 듯한데, 여기서 쓰인 국체호지

고노에 후미마로

의 본 뜻은 '천황제의 유지'라고 보는 게 옳다. 고노에는 연합국이 국체호지, 즉 천황제를 변화시킬 의지가 없으므로 종전 협상을 해도 괜찮다는 논리로 상주문을 시작했다. 이후 이 국체호지는 종전 협상의 주요 쟁점이 됐다. 어쨌든 히로히토 덴노는 고노에의 상주문을 거절했다. 역시나 천황제 유지의 보장이 없다는 이유 때문이었다.

그러나 고노에는 독자적으로 강화 조약을 모색했다. 이미 태평양전쟁이 시작된 이후 요시다 시게루와 함께 영국과 미국에 화평 교섭을 추진했던 이력이 있던 그는(이때는 도조 히데키가 방해했다) 마지막으로 소련에 희망을 걸었다. 그는 모든 해외 영토와 류큐 제도, 오가사와라 제도, 치시마 제도 등을 포기하는 조건으로 협상을 진행하려 했지만 소련은 이를 거절했다. 고노에는 직접 모스크바로 날아갈 생각까지 했지만 이미 소련은 대일전 참전을 연합국들과 약속한 상황이었다. 여담이지만 고노에는 종전 이후 맥아더와 천황제의 유지를 놓고 협상을 벌였다.

"덴노를 중심으로 한 귀족세력과 재벌들은 개전을 막으려 했지만, 군부의 독단적인 결정으로 전쟁이 시작됐다. 만약 천황제를 일본에서 제거한다면 일본은 공산화될 수도 있다."

당시 고노에가 주장한 논리에 맥아더는 수긍했고, 전후 일본 헌법 개정 작업을 고노에에게 맡기기로 했다. 물론 이후 여론이 악화돼 헌법 개정에 참여할 수는 없었지만 고노에가 천황제 유지를 위해 노력했다는 사실은 인정해야 할 부분이다. 이러한 노력에도 불구하고 고노에는 종전 후 A급 전범으로 분류되어 조사를 받아야 한다는 통보를 받고 음독 자살을 하고 만다.

전쟁을 끝낸다는 것

전쟁을 시작하는 건 상당히 어려운 일이다. 역사를 살펴보면 우발적인 충돌이나 정치적으로 무의미한 전쟁을 확인할 수 있지만 대부분의 전쟁은 정치적인 이유로 시작된다. 전쟁이 괜히 정치의 연장선이 아니다. 그렇다면 종전은 어떨까? 모든 전쟁의 끝 역시 다분히 정치적이다.

전쟁의 시작점에 군인이 있다면 전쟁의 끝에는 언제나 정치인이 존재한다. 그렇기에 종전은 개전보다 훨씬 더 어렵고 복잡하다. 전쟁 기간 동안의 '감정'에 수많은 경제적 요인, 전후의 처리 문제까지 고려해야 하기 때문이다.

일본은 상황이 더 복잡했다. 진주만 기습 공격으로 미국 국민의 일본에 대한 감정의 골은 깊어졌고, 가미카제 공격으로 돌아오지 못할 강을 건넜다. 거기에 태평양전쟁 기간 내내 존재했던 '인종차별적 감정'이 더해졌다.

이런 감정적 문제에 연합국 내의 복잡한 셈법이 더해졌다. 소련은 전후 일본의 영토에 대한 욕심을 보였고, 미국은 소련의 팽창에 긴장했다. 이 와중에 일본은 '국체호지'를 외치며 천황제 사수에 모든 것을 걸었다. 이 대목에서 주목해야 할 점이 있다면 영국과 미국의 권력 교체다. 루즈벨트가 죽고, 처칠은 애틀리Clement Richard Attlee에 의해 총리 자리에서 물러났다. 2차 세계 대전을 이끌었던 서방의 두 지도자가 거의 동시에 사라진 상황이었다. 이 권력의 공백을 메운 건 맥아더를 두려워하던 트루먼이었다.

여기서 당시 일본을 주제로 한 국제정치 무대의 협상에 관해 설명할 필요가 있다. 바로 연합국 간의 외교 회담이다. 전쟁 기간 내내 연합국은 세계 대전을 어떻게 수행할지, 전후 문제를 어떻게 처리할지에 대해 논의했다. 이 외교 회담은 아마도 세계 외교사에서 손꼽힐 만큼 유명한 회담 가운데 하나일 것이다.

우선 전제해야 할 것이 당시 국제정세는 '전황'과 연결돼 있었다는 부분이다. 당연하다. 앞서 말했듯이 전쟁은 외교와 정치의 연장선상이다. 전황은 외교 교섭 테이블 위에서 훌륭한 판돈이 돼주었다. 2차 세계 대전은 크게 유럽 전선과 태평양 전선으로 쪼개져 있었는데, 소련은 독일과 싸우고 있었고 미국은 독일, 일본과 싸우고 있었다. 독일이 무너지기 전까지는 모두 연합국이었지만 독일의 패전 기색이 역력해지자 연합국들이 각자의 속내를 드러내기 시작했다는 것이 문제였다. 그리고 끝내 독일이 무너지자 소련의 대일본 참전 시기가 가장 뜨거운 이슈가 됐다.

여기서 일본이 '주제'가 된 연합국들의 몇몇 회담에 대해 이야기해볼까 한다.

① 카사블랑카 회의

1943년 1월 14일부터 24일까지 개최된 회의로 주요 의제는 시실리 상륙작전인 '허스키Husky작전의 수립'이었다. 여기에 더해 '꽤' 중요했던 회의의 목적은 자유 프랑스군의 리더 둘을 화해시키는 일이었다. 당시 자유 프랑스의 지도자 자리에 가장 가까웠던 이는 프랑스령 북아프리카와 서아프리카의 총사령관이자 프랑스군의 영웅인 앙리 지로H. Giraud였다. 그에 반해 또 다른 한 명인 샤를 드골Charles de Gaulle은 젊고 키만 멀대같이 큰 어딘지 마음에 안 드는 군인이었다. 미국은 대놓고 앙리 지로를 지원했다.

드골은 연합국 지도자들에게는 '악몽'이었다. 오만하고 비협조적이며 뻣뻣한 그를 처칠과 루즈벨트는 못마땅해 했다. '비호감'으로 낙인이 찍힌 것이다. 자유 프랑스라고 나름 정부 비슷하게 만들었지만 당시까지만 해도 연합국 지도자들에게

효용성을 증명해보이지 못했다. 그나마 자유 프랑스의 가치를 인정한 처칠이 나름 애증의 관계로 드골을 인정해줬지만 루즈벨트는 끝끝내 그를 인정해주지 않았다. 루즈벨트가 드골을 인정해준 건 1945년, 그것도 마지못해서였다. 루즈벨트는 드골을 싫어했다. 아니, 혐오했다.

자유 프랑스의 수장이 될 만한 사람은 다를랑 J.F.Darlan 제독이었다. 비시 Vichy 정권의 외상, 내상, 국방상 등을 역임하고 횃불작전 당시 비시 정권의 북아프리카 총독 겸 총사령관이었던 그는 미군과 영국군 등의 연합군이 상륙하자 독일에 대

카사블랑카 회의(왼쪽부터 앙리 지로, 프랭클린 루즈벨트, 샤를 드골, 윈스턴 처칠)

한 협력을 거부하고 연합군과 휴전을 하며 협조했다. 다를랑은 연합국 지도자들의 좋은 파트너가 될 수 있었지만 안타깝게도 1942년 12월 암살당한다(드골의 암살 지시설이 강력하게 제기되었다). 이 다를랑의 후계자가 바로 앙리 지로였다. 이후 프랑스는 드골파와 지로파로 나뉘어져 치열한 권력싸움이 이어졌고, 결국 1943년에 이르러 지로가 프랑스 민족해방위원회에서 축출되면서 드골이 권력을 잡게 된다.

그렇다면 이때 일본은 어떻게 언급됐을까?

당시 카사블랑카 회담의 결과를 발표한 부분 중 '정치적 의미'를 염두에 둬야 할 부분이 하나 있는데 바로 독일, 이탈리아, 일본의 무조건 항복이 있을 때까지 전쟁을 수행한다는 대목이다. 여기서 주목해야 할 점이 바로 '무조건 항복unconditional surrender'이란 대목이다. 연합국은 처음으로 무조건 항복이란 용어를 사용했다. 선언적 의미라고 해야 할까? 당시 루즈벨트는 이 용어의 과잉 해석을 경계하며 기자들에게 부연 설명을 더했다.

"이들 3국의 무조건 항복이란 이들 국가의 전쟁 능력을 제거하는 것을 뜻한다. 이것은 장차 세계평화의 합리적인 보장을 뜻하는 것이다. 무조건 항복이란 독일, 이탈리아, 일본의 파괴를 뜻하는 것이 아니라 정복과 다른 민족을 억압하려는 이들 3국의 철학을 파괴하는 것을 뜻한다."

상당히 정치적이며 철학적인 접근이다.

② 제1차 카이로 회담

테헤란 회담에 참석하러 가던 도중 루즈벨트와 처칠이 카이로에서 장제스와 회동하면서 이루어진 회담이다. 이 회담을 통해 장제스는 처음으로 연합국 전쟁수행 계획에 참여하게 됐다. 이 회담은 오로지 '일본'을 주제로 한 회의라고 보는 게 옳다. 이 회담에서 결정된 상황은 크게 두 가지였다.

첫째, 영국은 독일이 패망한 이후에도 대일전을 계속한다
둘째, 1894년 이래 일본이 침탈한 지역을 모두 환원한다

이로 인해 만주와 대만, 팽호제도澎湖諸島(대만에서 서쪽으로 50킬로미터 떨어져 있는 군도)는 중국에 환원하고, 한국은 적당한 시기(in due course…라고 말했다)에 독립시킨다고 합의했다.

제1차 카이로 회담(왼쪽부터 장제스, 루즈벨트, 처칠)

영국, 미국, 중국이 '공식적으로' 손을 잡고 일본과의 전쟁을 이야기하기 시작한 것으로 해석할 수 있다. 이 회담 결과 장제스는 미국과 영국의 전폭적인 지지(정치적인 지지뿐만이 아니라 물량 지원도 받게 됨)를 받으며 일본과 싸우게 된다.

③ 얄타 회담
1945년 2월 4일부터 12일까지 소련 흑해 연안의 얄타에서 있었던 회담이다. 2차 세계 대전 당시 미국, 영국, 소련의 3국

얄타 회담(왼쪽부터 윈스턴 처칠, 프랭클린 루즈벨트, 이오시프 스탈린)

수뇌와 외교장관, 군사 참모들이 참여한 회의 중에서 가장 중요한 회담이었다고 말할 수 있다. 가장 중요했던 만큼 이후의 역사와 국제정세에 엄청난 영향을 끼쳤으며, 각자의 나라에서 비난의 목소리와 의혹의 눈초리를 받아야 했다.

"이 회담은 비밀로 해둡시다. 전 세계의 많은 사람이 오늘 이 자리에서 우리 마음대로 자기들의 운명을 재단했다는 것을 알게 되면 매우 불쾌해할 테니 말이오."

이러한 처칠의 발언만으로도 회담의 '무게감'을 짐작할 수 있다. 개인적인 의견을 결론 삼아 말하자면 '중요한 회담이나 거래를 하기 전에는 우선 심신心身의 안정을 찾아야 한다'라는 교훈을 알려준 회담이라고 말하고 싶다.

 이 시기 루즈벨트 대통령의 건강은 최악이었다. 이미 뇌경색으로 한 번 쓰러진 몸임에도 루즈벨트는 지구 반 바퀴를 돌아 흑해까지 가야했다(두 달 뒤 루즈벨트는 사망한다). 스탈린 역시 그렇게 타기 싫어하는 비행기를 타고 얄타까지 날아왔을 때는 이미 몸 상태가 말이 아니었다. 지난 4년간 전쟁을 진두지휘하며 그는 이미 기력을 빼앗긴 상황이었다. 그렇다면 처칠은? 처칠은 건강했다. 하지만 얄타 회담은 대영제국의 '종말'을 의미하는 회담이기도 했다. 미국과 소련 두 정상이 만나 전후 세계의 판도를 정리한 회의였기 때문이다. 즉, 얄타 회담은 미소 양국 정상회담이라고 보는 게 맞다. 영국의 처칠은 들러리나 다름없었다.

 회담은 처음부터 소련에 유리하게 전개됐다. 소련은 홈그라운드라는 이점을 살려 회담 내내 미국과 영국 '손님'들의 일거수일투족을 감시했고, 이들의 이야기를 도청했다. 더구나 이들은 최강의 패가 있었다. 바로 '승리'였다.

1945년 2월이면 유럽 전선은 이미 연합국의 승리가 거의 확정된 상황이었다. 소련은 지난 4년간 2000만 명이 넘는 희생을 치르면서도 꿋꿋이 버텨냈고, 마침내 '베를린 레이스'의 결승점을 눈앞에 두게 됐다. 연합국이 노르망디 상륙작전으로 제2전선을 열었다지만, 불과 며칠 전까지만 하더라도 아르덴 숲에서 독일군에게 호되게 당했던 상황(벌지 전투)이었다.

소련은 기세등등했다. 여기에 루즈벨트의 '호의'가 더해졌다. 루즈벨트는 소련을 우호적으로 대했다. 이유는 간단했다. 앞으로 세계 평화를 위해서는 미국과 소련이 서로 협력해야 한다고 생각했기 때문이다. 거기에 '일본'이란 꼬리표도 붙어 있었다. 유럽 전선이 정리되면 소련군을 태평양 전선으로 돌리고 싶었다. 그렇다면 소련의 환심을 사야 했다.

그 결과 루즈벨트는 소련의 요구 사항을 거의 다 들어줬다. 처칠이 말렸지만 루즈벨트는 스탈린에게 다가갔다. 이미 영국은 초강대국의 반열에서 밀려나 미국과 소련의 들러리였고 처칠의 말은 스탈린의 말에 미치지 못했다.

얄타 회담의 네 가지 주요 결정사항을 살펴보면 다음과 같다.

첫째, 국제연합 창설의 승인

둘째, 독일의 분할 점령

이때 쟁점이 됐던 게 프랑스를 점령국으로 포함시키는 문제였다. 당시 스탈린은 프랑스의 점령국 지위 확보에 난색을 표했다.

"프랑스가 뭐 한 게 있는데?"

당연한 지적이었다. 루즈벨트도 처음엔 이 의견에 찬성했지만 유럽의 재건에는 프랑스의 존재가 필요하다는 홉킨스H. Hopkins 보좌관의 의견이 반영됐다. 루즈벨트가 프랑스의 참여를 인정했고 스탈린도 프랑스 점령지를 영국과 미국의 점령지에서 선정한다면 양보할 수 있다고 말하면서 합의했다.

셋째, '뜨거운 감자'였던 폴란드의 전후처리 문제

애초에 소련은 런던에 있던 폴란드 망명정부를 승인했지만 전쟁이 거의 끝나가자 다른 마음을 품었다. 소련 국경의 안정을 위해 폴란드는 친소 정권이 들어서야 했다. 소련은 폴란드

루블린Lublin에 있는 친소 임시정부를 지지하기 시작했다. 그러자 런던의 임시정부와 루블린에 있는 임시정부가 부딪혔다. 결국 미국, 소련, 영국은 폴란드의 정부형태를 폴란드 국민의 투표로 결정한다는 일반론적인 원칙을 세웠다.

미국과 영국이 순진했다고 해야 할까. 아니면 폴란드를 포기했다고 해야 할까. 일반, 비밀, 자유 투표라는 대원칙은 이미 소련이 깔아놓은 판에 형식만 갖춘 상황이었기 때문에 폴란드는 소련의 뜻대로 됐다. 폴란드 국경선에 관한 합의도 있었지만 이 역시도 소련의 뜻이었다. 소련과 접한 국경은 물론이고, 독일과 접한 국경 역시 소련이 일방적으로 정했다. 그야말로 소련 마음대로였다.

넷째, 대일전 참전

이 역시도 소련의 '꽃놀이패'였다. 당시 스탈린은 다음과 같이 주장했다.

"나는 일본이 우리나라로부터 빼앗아 간 것을 단지 되찾기만을 원한다."

하지만 독일이 패망한 후 2~3개월 이내로 태평양 전선에 참전하겠다는 약속의 대가는 너무 비쌌다. 미국과 영국은 소련에 백지수표를 건넨 셈이었다. 물론 3국 수뇌들의 합의는 비밀이었다(1947년 3월 미 국무성이 발표하면서 세상에 공개됐다).

- 외몽고의 현상 유지(몽고인민공화국을 존속시킨다)
- 1904년 일본에 양여한 권리의 복구(남부 사할린과 그 인접 도서를 다시 찾고, 다롄을 국제화하며 이 지역에서 소련의 우월한 이익을 보호한다. 여순항은 소련에 조차하고 동청 철도와 남만 철도는 장차 설립될 소련과 중국의 합작 회사가 관리한다)
- 쿠릴 열도를 소련에 할양(이 대목 때문에 현재 일본과 러시아는 북방영토 분쟁을 벌이고 있다)

소련의 '참전 조건'이었다. 보면 알겠지만 소련은 원하는 조건을 다 얻었다. 훗날 국제 정치학계는 루즈벨트가 너무 많이 양보해서 전후 국제정세가 불안해졌다며 회담 당시 건강이 좋지 않았던 루즈벨트의 '판단력'에 의문을 제기하는 이들이 많았다. 하지만 그보다 먼저 생각해야 할 게 루즈벨트의 '의향'이다. 루즈벨트는 소련을 우호적으로 생각했고 싫든 좋든

간에 전후 세계 평화를 위해서 소련의 협력은 꼭 필요하다고 믿었다. 그리고 일본을 쓰러뜨리기 위해서는 소련의 힘이 필요하다고 생각했다(가미카제 공격과 본토결전에 가까워질수록 극렬해지는 일본군의 저항을 봤을 때 충분히 이해할 만한 부분이다). 그 결과가 바로 얄타 회담이었다.

미국과 소련이 전쟁 후의 세계 질서를 결정하던 그때 일본은 소련을 믿고(일소중립 조약) 본토결전을 준비하고 있었다. 당시 일본이 얼마나 국제정치에 문외하고 국제사회에서 고립돼 있었는지를 확인할 수 있는 대목이다.

05

덴노를 보호하라

1944년 7월 9일 4시 15분 사이판이 함락됐다. 당시 상황을 후쿠도메 시게루福留繁 중장은 이렇게 표현했다.

"사이판을 잃었을 때 마지막 기회가 사라졌음을 깨달았다."

사이판 함락은 일본에겐 사형 선고였다. 이때까지 빼앗긴 태평양의 다른 섬들과 달리 사이판이 가지고 있는 의미는 남달랐다. 사이판을 함락시키면서 미국은 자신의 전략 무기 두 가지를 효율적으로 사용할 수 있는 '발판'을 구축할 수 있었다. 우선 첫 번째로 생각해볼 수 있는 게 B-29였다. 사이판에서 출격한 B-29는 일본 본토를 직접 타격할 수 있게 됐다.
 두 번째는 B-29만큼 주목받지는 않았지만 어쩌면 B-29보

후쿠도메 시게루

다 더 중요하다고 할 수 있는 잠수함 기지로서의 역할이었다. 이전까지 미국 잠수함들은 일본 본토에서 3900킬로미터 이상 떨어진 기지에서 작전을 시작해야 했는데, 사이판 함락 이후 그 거리가 절반으로 줄어들었다. 당연히 작전 효율은 더 올라갈 수밖에 없었다.

태평양의 이리 떼들

2차 세계 대전 당시 태평양 전선에서의 주력 병기는 '항공모함'이었다고 기억하는 이들이 많다. 이는 사실이다. 잠수함에 대한 기억은 대서양 전선에서 독일의 U-보트가 다 가져간 상황이었다. 그러나 1944년이 되면서 상황이 급반전됐다. 침묵의 도살자로 불린 미국 잠수함 부대가 태평양에 본격적으로 등장했기 때문이다.

1944년 1월까지만 하더라도 미국은 불과 55척의 잠수함만을 가지고 태평양 전선에서 싸웠다. 항공모함과 항공모함 함재기를 주력으로 생각했기에 여기에 모든 걸 투자했다. 그런데 어느 시점을 계기로 잠수함에도 투자해야겠다는 생각을 했다.

"가토급 잠수함을 만들다 보니 그냥 많이 만들었습니다."

1944년 1월까지 불과 55척이던 잠수함 전력이 갑자기 100척으로 불어나게 됐고, 정확히 1년 후 156척을 보유하게 됐다. 미국은 대서양과 태평양 양쪽에서 싸웠다는 걸 고려해야 한다. 2차 세계 대전 발발 직전 미국의 잠수함 수는 총 111척이었다. 전쟁 중 177척을 건조해 총 288척을 확보했고 이중 52척이 격침됐다.

1944년 태평양 전선에서 미국 잠수함 부대의 활약은 눈부셨다. 독일 U-보트의 활약에 빛이 가려졌지만 이후 잠수함 작전의 새로운 지평을 열었다 해도 과언이 아니다. 당시 미국은 잠수함 부대를 가지고 정찰, 조기경보, 특수부대 침투, 상륙작전 지원, 인명구조(대단위 해전 직전에 구조 임무를 띄고 해당 해역에 대기 혹은 B-29 승무원 구조에 투입돼 엄청난 활약을 했다) 등 다양한 임무를 펼쳤다.

특히 미국에 있어 1944년은 기념할 만한 해였다. 일본 본토에 가까운 전선 기지를 확보했고, 일본을 고사시키겠다는 '개념'이 서서히 손에 잡혀가던 때였다. 게다가 일본 해군은 패퇴 일로였다. 결정적으로 미국 잠수함 부대의 발목을 잡았던 '어뢰' 문제도 해결됐다(루즈벨트 대통령도 푸념할 정도로 당시 미국 어뢰는 '멍텅구리'였다. 이 문제가 겨우 해결된 게 Mark 23이 등장한 이후인 1944년 6월이었다). 미국 잠수함이 활약할 수 있는 시기가 도래한 것이다.

1944년 한 해 동안 미국 잠수함은 529척, 약 230만 톤의 일본 상선을 수장시켰다. 이는 태평양전쟁 기간 중 미국이 일본에 입힌 피해의 절반에 해당한다. 다른 기록은 더 극적이었다. 1943년 중반까지 일본은 보르네오, 수마트라, 자바 섬 등에서 1개월에 150만 배럴씩 원유를 수입했다. 그러나 1944년 11월이 되면서 불과 30만 배럴로 줄어들었다. 식량과 기타 자원도

가토급 USS 코드 SS-224

마찬가지였다. 1943년에 1640만 톤이던 쌀, 고무, 석면, 석탄, 철광석, 고철, 보크사이트, 니켈 등의 수입량이 1944년이 되면서 1000만 톤으로 줄어들었다.

태평양전쟁 전 기간 동안 미국이 격침시킨 일본 선박의 62퍼센트는 미국 잠수함에 의한 피해였다. 미국 잠수함 부대는 교묘하게 병목지역을 노려 일본 함선들을 격침시켰다. 레이테만 해전 전후로는 루손 해협(필리핀의 루손 섬과 타이완 사이의 해협)에 매복해 있다가 일본 해군과 상선들을 사냥했고, 레이테만 해전이 끝나자 바로 타이완 해협으로 넘어가 또 다시 일본 상선들을 사냥하기 시작했다. 일본은 속수무책으로 당했다.

1944년 말이 되자 미국 잠수함 부대의 '목표'가 사라졌다. 일본 함선들은 전투지역을 훨씬 벗어난 한국의 서해나 동해 바다로 피신한 상황이었다. 잠수함 부대 함장들은 '무료한' 시간들을 어떻게 해결할까 고민하다 몇 가지 방법을 찾아냈다.

첫째, 기뢰와 암초로 둘러싸여 있는 중국 해안으로 진출
둘째, 동해로 진입해 일본 상선 공격
셋째, 부상하여 어뢰로 공격하기 민망할 정도의 어선이나 목선들을 기관포나 함포로 공격
넷째, 비교적 방비가 약한 일본 북방 사할린 지역에서 부상하여 함포로 지상 공격
다섯째, 일몰 후 특수부대를 상륙시켜 철도 폭파

목표가 사라져 무료해하던 잠수함 부대는 이 임무들을 즐겼다. 이미 바다에는 일본 함선의 모습이 보이지 않았고, 이들은 자신들이 할 수 있는 모든 '공격'을 일본에 퍼부었다. 1944년 중후반부터 1945년까지 미국 잠수함 부대의 '사냥' 활동을 보면 당시 일본의 상황을 확인할 수 있다.

미국 잠수함은 당당히 부상해 일본의 목선이나 어선들을 향해 함포를 쏘거나 기관포를 난사했다. 아무리 돈이 많은 미국이라지만 목선을 향해 어뢰를 쏠 정도로 낭비벽이 심하진 않았다. 백주대낮에 일본 본토와 가까운 해역에서 잠수함이 부상해 기관포를 쏘고, 어선을 검문한다는 사실은 일본이 제해권도 제공권도 모두 잃었다는 걸 의미한다.

"농락"

당시 일본의 상황을 가장 잘 표현할 수 있는 말이었다.

사이판 함락 막전막후

사이판 함락 전후로 일본 정계, 특히나 덴노를 둘러싼 비둘기파들의 움직임이 바빠졌다. 이때 주목해야 할 사람이 덴노에게 상주문을 올렸던 고노에 후미마로와 처음이자 마지막으로 황족 내각 총리를 지낸 히가시쿠니노미야 나루히코東久邇宮稔彦다. 이들은 일본 국민의 안위를 생각하는 것 같아 보이면서도 내심 생각하고 있던 건 '천황제 유지'였다. 이들은 도조 히데키가 사임하는 것에 대해 고민하고 있었다. 이들은 기왕 이렇게 된 이상 도조가 계속 수상으로 남아 유럽 전선의 히틀러와 같은 위치를 유지하길 바랬다.

1941년 12월 8일부터 전쟁이 끝나는 1945년 8월 15일까지 3년 8개월 동안 도조는 2년 8개월에 걸쳐 수상, 육군장관, 내무장관, 문부장관까지 겸임했고 1944년 2월부터 퇴임하던 1944년 7월까지는 참모총장 자리까지 겸했다. 이대로 전쟁이 끝나면 태평양전쟁은 도조가 일으키고 도조가 끝낸 '도조의

도조 히데키

전쟁'이 될 수 있었다. 즉, 도조가 현직에 있으면 모든 책임을 히틀러처럼 도조에게 떠넘길 수 있는 것이다. 그렇다면 상대적으로 덴노는 무사히 넘어갈 수 있었다. 그러나 도조는 현직에서 물러났고, 1944년 7월 이후 일본 기득권층, 특히 왕자들을 중심으로 한 황족들은 '천황제'를 어떻게 유지할까 고민하기 시작했다.

지치부노미야 야스히토秩父宮雍仁(히로히토 덴노의 첫째 동생), 타카마츠노미야 노부히토高松宮 宣仁(히로히토 덴노의 둘째 동생), 미카사노미야 다카히토三笠宮崇(히로히토 덴노의 막내동생), 히가시쿠니노미야 나루히코 등 왕자들뿐만 아니라 일본 육군과 해군에 적을 두고 있는 황족들이 모여 회의를 열었다. 황족들의 사적인 회의, 그것도 사이판 패전 이후의 회의라면 회의 주제가 뭐였을까? 이들은 '최선의 종전 방법'을 가지고 고민하기 시작했다. 그러나 이 소식은 곧 히로히토 덴노의 귀에 들어갔다.

"왕자들이 국사에 관여할 권리는 없다. 이건 모반으로 간주될 수 있는 위험한 행동이다!"

지치부노미야 야스히토

타카마츠노미야 노부히토

미카사노미야 다카히토

히가시쿠니노미야 나루히코

그러나 왕자들은 뜻을 거두지 않았다. 히로히토의 둘째 동생인 타카마츠는 형 앞에서 바른 소리를 하기 시작했다. 히로히토는 분노해 소리쳤지만, 타카마츠는 차분하게 자신의 의견을 계속 말했다. 현재 전황과 황실의 미래, 일본 국민의 실태 등등…. 그러나 히로히토는 화만낼 뿐이었다. 이야기가 계속 평행선을 달리자 타카마츠는 폭탄 발언을 한다.

"폐하께서 계속 이런 식이면 저를 포함한 황족 모두는 황족의 지위를 포기하고 평민으로 돌아가겠습니다."

협박이었다. 히로히토는 대노했고, 동석했던 히가시쿠니노미야의 중재가 없었다면 황실 역사에 기록될 유혈사태가 벌어질 뻔 했다. 여기서 주목할 점은 당시 황족들의 '계획'이었다. 나쁘게 본다면 '천황제 유지'를 위한 꼼수라고 폄하할 수도 있지만 당시 일본인들에게 가장 평화적이고, 가능성 있는 '종전 방법'을 가지고 있던 이들이 바로 황족들이었다. 즉, 황족들은 더 이상 희망이 없는 전쟁에서 일본 국민을 구해낼 수 있는 확률이 가장 높은 패를 쥐고 있는 이들이었다. 그렇다면 '천황제 유지' 정도는 괜찮지 않을까?

이때 가장 활발히 그리고 가장 구체적인 대안을 들고 나온 이가 바로 고노에 후미마로였다. 황족들과 비교했을 때 고노에의 행동력은 가히 독보적이었다. 당시 고노에는 전쟁은 이미 졌다는 결론 아래 최대한 빨리 종전하는 쪽으로 정책 노선을 잡아야 한다고 주장했다. 그는 우선 도조 히데키가 사임한다는 전제 하에(구체적으로 도조를 쫓아낼 방법도 구상했다) 종전을 위한 가장 빠른 길을 모색했다. 그의 생각은 단순했다.

"도조가 사임하는 즉시 차기 수상은 황실 가족 중에서 맡아야 한다. 그리고 새 내각은 곧바로 적대관계의 종식을 선언해야 한다."

여기서 차기 수상으로 고노에가 점찍은 이가 바로 타카마츠 왕자였다. 왕자들 중에서 가장 실행력이 있다고 믿었다. 황실 가족을 총리에 앉힌 역사는 메이지유신 이래 그 당시까지 없던 일이었다(지금까지도 단 한 번 뿐이다). 황실 가족이 총리를 맡아 덴노의 뜻을 그대로 전달하고 황실이 주체가 되어 국가를 책임지고 이끌어가야 한다는 의미에서였다. 아울러 '천황제 유지'를 위한 가장 확실한 방법이었다. 고노에는 이렇게 황실 가족 중에 한 명을 총리를 내세운 다음 바로 '적대관계의 종식'을 선언하면 종전으로 갈 수 있다고 생각했다. 당시 고노에가 생각한 종전 방식은 크게 세 가지였다.

첫째, 인도적인 측면을 강조하면서 전쟁을 '일방적으로' 끝내는 방식

둘째, 일본의 목표가 달성되고, 서방의 일본 고립화가 해제됐다는 점을 내세워 종전을 선포하는 방식

셋째, 덴노가 일본 국민의 의미 없는 희생을 더 이상 방관할 수 없다는 점을 내세워 종전을 선포하는 방식

첫 번째와 두 번째 방안은 말 그대로 '정신 승리'라고 볼 수 있다. 그대로 밀고 나갔다면 전 세계의 비웃음을 샀을 것이다. 마지막 세 번째 방안이 가장 현실적이었다. 실제로 1945년 8월 15일의 덴노의 종전 선언에 대한 명분도 바로 세 번째였다. 더 놀라운 점은 종전 선언문의 내용 중 상당 부분이 고노에가 1944년 사이판 전투를 전후로 준비하고 보고했던 내용이 들어갔다는 대목이다. 더더욱 놀라운 건 패전 후 일본은 처음이자 지금까지는 마지막으로 '황족 내각'을 구성했다는 점이다.

고노에의 평화 전략에 대해 히로히토는 고민했지만 수용하지는 않았다. 이런 상황에서 고노에는 '천황제 유지'를 위한 방법들을 계속 고민했다. 우선 히로히토는 덴노 자리에서 물러나야 한다는 게 대체적인 판단이었다. 그리고 황태자인 아키히토를 덴노 자리에 올려 섭정체제로 가는 방법이 가장 안정적이라고 생각했다(당시 히로히토의 첫째 동생인 지치부는 폐결핵에 걸려 있었다. 가급적이면 연장자인 지치부가 맡으면 좋았으나 그는 자신의 건강도 장담할 수 없는 상황이었기에 황태자인 아키히토를 차기 덴노로 생각했다. 실제로 지치부는 1953년에 사망한다).

만약, 이게 통하지 않는다면? 고노에는 '최악의 수'도 고민하고 있었다.

06

침몰 직전, 일본이 선택한 공허한 명예

1944년 7월 사이판 함락 전후로 일본 황족들은 천황제 유지가 가능하고 가장 평화적이면서 합리적인 종전 방안을 모색했다. 그 결과 나온 것이 바로 히로히토 덴노의 양위와 황태자인 아키히토의 등극, 이어지는 섭정체제였다(섭정은 타카마츠 왕자가 맡는다). 그러나 이 모든 계획은 유야무야 넘어갔다. 가장 큰 이유는 미국 때문이다.

사이판을 함락한 미국은 B-29를 상공에 띄웠다. 그러나 별다른 성과를 얻지는 못했다.

"공습이 생각보다 별 거 아니네?"

고고도 폭격의 정확도는 떨어졌고 일본 정부와 국민은 그

위력도 대단하지 않다고 생각했다. 고노에의 예상보다 공습이 늦게 시작되기도 했다. 사이판이 함락되면 일본의 목줄이 뜯겨나갈 줄 알았건만 계속 버틸 만하다는 계산이 나왔다. 도조 히데키가 물러났지만 아직 내각과 육군성, 해군성에는 강경파들로 가득 차 있었다. 도조의 뒤를 이은 고이소 구니아키는 레이테 전투에서 이기면 최종적으로 일본이 승리한다고 분위기를 띄우면서 B-29 폭격을 대비한 도쿄의 방화벽 설치 작업을 독려했다.

"사이판이 함락됐다고 끝난 게 아니다. 미국도 지금 모든 걸 쥐어짜내면서 싸우고 있다. B-29가 날아와봤자 별 위력을 발휘하지 못한다는 걸 보지 않았나? 조금만 더 버티자!"

이 정도면 순진한 착각이라고 해야 할까? 도쿄 상공에 처음으로 B-29가 뜬 날이 1944년 11월 1일이었다. 이때의 비행 목적은 폭격이 아니라 폭격을 위한 사전 예비조사 격인 항공 촬영을 위해서였다. 이걸 본 일본인들이 별 거 아니란 생각을 한 것이다(1945년 8월 히로시마에 뜬 B-29 폭격기 3대를 낙오기로 본 히로시마 사람들이 안도의 한숨을 내쉬다가 불벼락을 맞았던 것과 어딘지 모르게 비슷하다). 낙관주의라고 해야 할까? 현실 부정이라고 해야 할까? 사이판이 함락되고 난 후 일본인들은 레이테에서 승리하면 된다는 희망의 끈을 이어나갔다. 현실을 직시하지 못한 히로히토 덴노도 이런 낙관주의에 몸을 실었다.

"미군이 잘못했다."

이런 표현은 적절하지 않겠지만 사이판 함락 이후 곧바로 일본에 불벼락을 떨어뜨렸다면 히로히토가 고노에와 황족들의 의견에 좀 더 귀를 기울였을지 모른다. 그러나 사이판 함락 이후에도 특별히 달라진 게 없는 일상 속에서 이들은 '설마' 하는 기대에 몸을 실었다. 이는 전쟁지도부만의 문제가 아니었다. 당시 일본 국민의 마음도 비슷했다.

1944년 7월까지 대본영과 정부에서 목에 핏대를 세우며 외치던 절대방위선絶対防御線이자 국가의 운명이 걸렸다고 말하던 사이판 전투가 패전으로 끝났다면 어렴풋이 패배를 인정하고 전쟁을 끝낼 생각을 했어야 하는 게 정상이다(물론 당시의 보도 통제를 생각하면 이해할 만하다). 그러나 이들에게 전쟁은 언제나 남의 나라 이야기였다.

"우리 집은 나무상자 같아서 쉽게 불탄다. 불이 붙으면 대피하는 것보다 현장에서 불길을 잡아주는 게 피해를 줄일 수 있다."

정부와 군대에서 집집마다 개인호를 파라고 말했지만 많은 일본인은 미국의 '시시한 폭격'을 지켜보며 지극히 안이한 생각을 했다.

드문드문 미국의 B-29가 날아와 폭탄을 떨어뜨렸지만 이것으로 인한 큰 피해는 없었고, 가끔 불타는 남의 집을 보면서

히로히토 덴노도 국민을 향한 희망고문에 동참했다.

불구경이나 하자며 느긋하게 폼을 잡았다. 실제로 미국의 이런 초창기 공습으로 집들이 불에 탈때마다 도쿄 사람들은 '에도의 꽃'이라 부르며 불구경을 즐겼다.

미군의 명백한 잘못이다. 커티스 르메이를 좀 더 빨리 보냈어야 했다. 어쨌든 일본인들은 절대방위선이 무너졌지만 레이테를 믿었고, 레이테가 무너지자 본토결전과 결호작전決号作戰를 준비하며 최후 승리를 믿었다. 이러한 희망고문에 히로히토 덴노도 같이 올라타고 있었다.

고노에의 '최후의 카드'

1945년 1월 16일 도쿄에 폭격이 있었다. 이날 공습으로 7500명이 사망했고 가옥 5000여 채가 파괴됐다. 이로 인해 민간인 20퍼센트가 도쿄를 빠져나가 피난길에 올랐다. 이틀 후인 1945년 1월 18일 히로히토 덴노는 일상을 이어나갔다. 서예 강습과 중국문화, 예의범절에 관한 철학 강의를 듣고, 전자파 무기(레이더)에 관한 전문가들의 설명도 들었다(야기 우다 안테나를 진작 채용했다면 설명을 듣지 않아도 됐겠지만). 그의 비妃도 마찬가지로 유가족들에 대한 위로의 편지를 쓰며 일과를 보냈다(그 수가 너무 많아 결국 '국가에 대한 봉사에 감사한다'는 말과 덴노의 문장을 찍는 것으로 대체했다).

현실과 동떨어진 모습이라고 해야 할까? 물론 폭격 현장을 방문했고 위로의 편지도 보냈다. 그러나 이들 부부는 전쟁의 진짜 무서움과 미국의 힘을 애써 무시했다. 이미 알고 있었지만 외면했다고 말하는 게 맞을 것이다.

1945년 1월 26일 고노에가 교토를 방문하고 돌아온 타카마츠 왕자를 찾아왔다. 그리고 자신의 구상을 털어놓았다.

"이미 전쟁은 끝났습니다. 일본이 패배했습니다."

타카마츠는 그의 얘기를 묵묵히 들었다. 맞는 말이었다. 상식이 있는 사람이라면 앞으로의 미래를 예측하는 건 어렵지 않았다. 이미 일본은 압도적으로 밀리고 있었다. 시간문제일 뿐 패전은 확실했다.

"문제는 덴노입니다. 종전이 된 상황에서 덴노가 그대로 있다는 건 말이 안 됩니다. 전쟁 발발의 책임을 생각한다면…."

"양위하라고 건의하는 겁니까?"

"양위로는 부족합니다. 물론 전쟁에 대한 책임을 물어 체포되는 일은 없어야겠죠. 아니, 없습니다. 다만 여생을 민간에서 보내면 안 됩니다."

"그게 무슨 의미입니까?"

"참회 청문승懺悔聽聞僧이 되는 겁니다."

고노에의 주장은 파격적이었다. 일본 역사를 공부한 이들이라면 '은거隱居'에 관한 전통을 들었을 것이다. 말 그대로 일선에서 물러나는 은퇴를 뜻한다(물론 뒤에서 섭정하는 경우도 많았지만). 여기에 한술 더 떠 불교에 귀의하는 경우도 있었다.

고노에의 생각은 간단했다.

"패전에 앞서 '히로히토 덴노가 사임한다. 차기 덴노는 아키히토 황태자가 맡는다. 그리고 타카마츠 왕자가 섭정을 맡는다' 이런 조건이라면 종전 이후 연합국 앞에서도 할 말이 있습니다. 협상의 여지를 만들 수 있는 것이지요. 천황제를 유지하려면 이 방법밖에 없습니다."

교토 인화사

고노에는 히로히토를 승려로 만들기 위한 만반의 준비를 다했다. 교토 인화사仁和寺(우다 덴노가 888년에 창설해 헤이안 시대부터 황실과 인연을 맺은 유서 깊은 절로 유네스코 세계문화유산에 등재돼 있다)의 39대 원장인 오카모토와도 이미 협의를 끝냈다. '유닌 호오'라는 법명도 준비해뒀다. 남은 건 타카마츠의 결심과 히로히토의 결단이었다. 그러나 타카마츠는 고노에의 제안을 거절했다.

"천황제를 유지하려면 이 방법밖에 없습니다. 연합국을

설득할 수 있는 다른 방법이 있습니까? 이번 전쟁으로 죽은 이들의 명복을 비는 일은 덴노에게 남은 유일한 구원의 길입니다. 덴노가 절에 들어간다면 나 역시도 절에 들어갈 것입니다."

"아무리 그래도 이건 너무 극단적이지 않습니까? 게다가 연합국이 이 상황을 어떻게 받아들일지 모르지 않습니까?"

"이미 해군성 장관인 요나이 미쓰마사 제독과 전 수상인 아카다 게이스케도 찬성했습니다."

9시간의 설득 끝에 타카마츠는 고노에의 의견에 어쩔 수 없이 동의한다. 고노에는 2월에 이 계획을 황궁에 제출했다. 그러나 이 계획에 대해 찬성한 타카마츠도, 히로히토의 측근이던 기도 고이치木戶幸一(덴노의 옥새를 담당했던 옥새관으로 전쟁 기간 동안 작성한 '기도 일기'로 유명하다)도 난색을 표했다. 우선 타카마츠 왕자의 의견을 들어보면 다음과 같다.

"미국인과 영국인들은 기독교를 믿는다. 이들은 불교에 대한 이해가 우리만큼 없다. 덴노가 승려가 된 것을 이해할 수 없을 것이다."

문화적 차이에 대한 말이다. 이에 반해 기도 고이치는 좀 더 실질적인 이유를 들었다.

"덴노가 속세를 떠나는 것은 그에게 더욱 위험스러운 일이 될 것이다. 연합군은 덴노의 그런 행동을 종교적인 차원에서 이해하려고 하지 않을 것이다. 그저 덴노 스스로 죄인이라고 생각해서 종교로 피신했다고 생각할 것이다."

결국 고노에의 계획은 실행되지 않았다. 1944년 7월의 계획도, 1945년 1월의 계획도 모두 이루어지지 않았다. 만약 고노

기도 고이치

에의 생각이 받아들여졌다면 어떻게 됐을까? 역사에 만약은 없지만 2차 세계 대전의 종전은 1945년 8월 15일보다 좀 더 앞당겨졌을지도 모른다.

안타까운 사실은 히로히토 덴노가 선택했던 종전의 방식이었다. 1944년 7월 고노에가 내놓았던 종전 방식(종전선언문의 내용까지 포함하여)은 1945년 8월 15일 이후 거의 비슷하게 현실에서 이루어졌다. 만약 1년만 일찍 고노에의 의견을 들었다면 일본의 역사는 크게 변했을지도 모른다. 그러나 히로히토가 '능동적으로' 선택했던 종전 계획은 1945년 6월 8일에서야 역사에 드러났다(1945년 8월 15일은 '피동적으로' 선택당한 종전이었다). 기도 고이치가 내놓은 시국수습대책시안時局收拾對策試案이라는 종전 계획이었다.

1945년 6월 6일, 불과 한 달 전에 아돌프 히틀러가 베를린 참호에서 자살했고, 유럽에서의 전쟁은 끝이 났다. 이제 추축국으로 남은 나라는 일본 하나였다. 오키나와 전투도 거의 승패가 판가름 나던 시점에서 최고전쟁지도부는 전쟁지도기본대강戰爭指導基本大綱(일본 본토에서 최후의 한 사람까지 끝까지 싸우자는 결의문으로 내용은 별거 없다)을 채택했고, 이틀 뒤 어전회의에서 덴노의 재가를 받았다.

"소련과의 협상이 중요하다. 앞으로 일본은 소련, 중국*과의 외교를 통해 최대한 이익을 보장받는 방향으로 나아가야 한다."

다시 말하지만, 당시 일본의 외교력은 유치원생 수준도 안 되었다. 이미 얄타 회담을 통해 소련은 연합국과 대일전 참전을 약속했고, 이걸 몰랐다 하더라도 흘러가는 국제정세를 본다면 소련이 망해가는 일본의 손을 잡을 이유가 없었다.

당시 기도는 육군이 평화적인 방식으로의 종전을 받아들이지 않을 것임을 전제했다. 쉽게 항복하지 않을 거라고 예상한 것이다. 이러한 육군의 반발을 잠재우는 것이 종전의 첫걸음이라고 생각했다. 그러기 위해 필요한 게 덴노의 각오였다.

"덴노께서 직접 육군의 반대를 잠재우십시오. 아무리 막 나가는 육군이라도 덴노의 권위에 저항할 수는 없을 겁니다."

* 중국과의 외교에 관해 첨언하자면, 고이소가 총리가 된 시점에서 그는 패색이 짙은 전쟁에서 일본이 살아남기 위해서는 중국과의 화평공작이 필요하다고 생각했다. 그렇다면 일본이 자행한 난징대학살은? 추정치는 다르지만 2300만 명 가까이 희생당한 중국 민간인들을 앞에 놓고 화평이라니…. 일본은 이때쯤이면 돌아올 수 없는 다리를 건넌 상황이었다.

육군의 반발을 정리한 다음 연합국과 협상을 해야 하는데 전쟁 당사자인 영미와의 협상은 어렵기 때문에 소련을 통한 중재를 추진하는 게 옳다는 의견을 상신했다. 이때 필요한 것이 히로히토 덴노의 친서와 전쟁 기간 동안의 일본 점령지 포기, 해외 주둔 중인 일본군의 철수, 일본군의 '부분적인' 무장 해제였다. 이를 조건으로 명예로운 평화를 보장받는다는 계획이었다. 소위 말하는 '명예의 강화'였다.

기도 고이치는 6월 8일 이 계획을 히로히토에게 건넸고, 히로히토는 즉시 추진하라고 말한다. 뭔가 느껴지지 않는가? 당시 매파나 비둘기파 모두 같은 생각이었다. 이들이 원하는 건 '국체호지國體護持'였다. 강화나 종전의 이름으로 포장된 외교

히로히토가 고노에의 생각을 받아들였다면, 2차 세계 대전의 종전은 1945년 8월 15일보다 좀 더 앞당겨졌을지도 모른다.

활동의 주목적은 그저 천황제의 유지에 지나지 않았다.

  그 마저도 공허한 외침일 뿐이었다. 너무 늦었고, 너무 현실을 몰랐다. 1년 전이었다면 먹혔을지도 모르지만 침몰 직전인 일본의 말을 들어줄 나라는 없었다.

07

원자폭탄 그리고 소련

1945년 4월부터 8월까지 일본을 둘러싼 국제정세를 다음과 같이 한마디로 정의할 수 있다.

"일본이 항복하기 전 전쟁에 뛰어들려는 소련의 노력과 소련이 참전하기 전 전쟁을 끝내려는 미국의 노력."

이 와중에 반토막 난 한국이다. 만약 일본이 조금만 더 일찍 항복했다면 한반도가 둘로 갈라지는 일은 없었을 거다(정말 간발의 차이다). 이 대목에서 전제로 해야 할 게 하나 있다. 국제정치를 연구하는 이들이 태평양전쟁에서 가장 안타까워하는 것 중 하나가 1944년 말 일본의 선택이다(한국인에게는 분단을 막을 수 있었던 기회, 일본인에게는 원자폭탄을 맞지 않을 수 있었던 기회였는지도 모른다).

 사이판이 함락되고, 레이테가 넘어갔으며, 일본으로 향하는 상선들이 침몰해 원유부터 시작해 모든 원자재들이 바다에 수장되던 그 시기에 일본은 소련을 선택했다. 소련을 통한 '강화'를 모색하며 시간을 낭비했다.

 "만약 일본이 1944년 말 모스크바를 선택하지 않고 워싱턴에 접근했더라면 미국은 평화 계획을 가지고 일본을 환대했을 것이다."

— 미국 역사학회 회장을 역임한 일본인 출신 역사학자
이리에 에리카의 발언 중에서

 이리에 에리카 교수의 발언은 곱씹어볼 만하다. 일본인 출신으로 역사학을 공부하고 국제관계사를 강의한 이리에 교수는 1944년 말 일본의 선택이 무지와 착각이 만들어낸 비극이라고 생각했다.
 1944년 말이라면 일본은 아직 쓸 만한 카드가 있었다. 가미카제 앞에서 미국인들은 일본 본토로의 험난한 여정을 상상해야 했고, 그 상상대로 본토에 가까워질수록 기하급수적으로 늘어나는 사상자 수를 확인했다. 이때라면 아직 얄타 회담이 있기 전이었기 때문에 전후 세계 패권에 대한 세 거두(미국, 영국, 소련)의 논의가 있기 전이었다. 아울러 일본이 소련이 아닌 미국을 선택했다면 도쿄 대공습이나 원자폭탄도 떨어지지 않았을 것이다.

미국은 충분히 일본을 받아들일 준비가 되어 있었다. 그런데 어째서 일본은 미국 대신 소련을 택했을까? 여기에는 양보할 수 없는 하나의 고집과 하나의 착각, 하나의 망상이 작용했다. 고집은 간단하다. '천황제의 유지'로 소위 말하는 국체호지였다. 천황제를 지키기 위해서는 지금 총칼을 마주하고 있는 미국보다는 소련이 유리하다는 판단이었다. 물론 심각한 착각이었다. 일본의 지도자들은 소련에 대해 막연한 '동질감'을 느끼고 있었다. 국제사회의 작동 원리가 '이익'이란 걸 잊어버린 유치한 접근이었다.

그렇다면 소련에 대한 이 동질감은 어디서 비롯된 걸까? 우선은 국제사회에서 '왕따'를 경험해봤다는 점이다. 소련은 공산국가이기에 건국 이후 영국과 미국을 포함한 서방세계로부터 철저히 차별당했고 어떤 면에서는 박멸의 대상으로 몰렸다. 이대로 세계가 공산화될까 걱정하는 서방세계 기득권 세력들의 공포 앞에 소련은 언제나 무시당하고 탄압받았으며 외면당했다. 같은 의미로 일본도 근대화에 성공했고, 강력한 군사력을 구축했지만 동양인이란 이유로 차별받았다. 이런 왕따의 동질감에 체제의 유사성이 더해져 소련에 대한 애정으로 이어졌다. 일본과 경쟁하던 영국과 미국은 자유주의와 민주주의를 말했다. 그러나 일본은 한없이 전체주의에 가까운 나라였다. 소련의 사회주의(스탈린의 독재)는 일본에게 친근하게 다가왔다.

  마지막 망상은 도를 넘어섰다. 일본의 전쟁지도자들은 전쟁 이후의 세계 권력구도를 예상했다. '전쟁이 끝나면 소련과 미국의 대립은 필연'이라고 판단했다. 이때 소련이 영국, 미국과 싸우려면 파트너가 필요한데 그 파트너가 바로 일본이라고 생각했다. 만약 이런 구상이 실현된다면 태평양전쟁 기간 내내 일본이 꿈꿨던 '대동아공영권'을 소련으로부터 인정받고 완성할 수 있다고 믿었다.

  패전의 위기 앞에서도 일본이 대동아 공영권이란 망상의 끈을 놓지 않았다는 사실은 그저 놀랍다. 그 결과는 일본에게 '지옥'으로 돌아왔다. 국제정세에 대한 기본적인 판단만 있었어도 일본은 원자폭탄을 맞지 않을 수 있었다.

맨해튼 프로젝트

1945년 4월 12일 루즈벨트 대통령이 사망했다. 곧바로 트루먼이 대통령직을 승계했고 첫 각료 회의를 마쳤다. 헨리 스팀슨Henry Lewis Stimson 육군장관은 모든 각료가 나간 뒤 트루먼에게 독대를 청했다. 그리고 한 가지 사실을 보고했다.

"우리는 지금 원자폭탄을 개발하고 있습니다."

최초의 핵폭탄 실험인 트리니티 실험으로 생긴 버섯 모양의 하얀 구름

헨리 스팀슨

1942년 8월 시작된 맨해튼 프로젝트. 수천 명의 과학자와 기술자가 참여한 이 프로젝트는 기밀 유지를 위해 극소수의 인원만이 프로젝트의 전모를 파악하고 있을 뿐이었다. 과학자와 기술자들 중 대부분은 자신이 하고 있는 작업의 실질적인 목적을 모른 채 할당된 과업만을 수행하고 있었다. 정치인과 전쟁지도자들 중에서 원자폭탄 프로젝트를 알고 있던 이는 루즈벨트 대통령과 헨리 스팀슨뿐이었다.

아이러니한 사실은 트루먼도 모르고 있던 맨해튼 프로젝트의 전모를 스탈린은 프로젝트 초기부터 알고 있었다. 그는 가용할 수 있는 모든 스파이를 동원해 맨해튼 프로젝트 초기부터 이를 감시했고, 7월 16일 첫 실험 날짜도 스파이로 활동하던 물리학자 휴크Klaus Fuchs를 통해 통보받을 정도였다.

1945년 4월 25일 스팀슨은 트루먼에게 원자폭탄에 대한 정식 보고서를 제출했다.

1. 4개월 정도 후 미국은 아마도 전대미문의 전율스러운 병기를 완성할 것이다.

2. 미국은 그 완성을 위해 영국과 긴밀히 협조해왔다. 그러나 현재는 미국이 제조와 사용에 필요한 모든 자료를 관리하고 있다. 따라서 향후 수년간 다른 나라는 이러한 지위에 이르지 못할 것으로 예상된다.

3. 그러나 미국이 영구히 이러한 지위를 독점할 수 없는 것도 확실하다. 앞으로 다른 나라도 짧은 기간 내에 원자폭탄을 개발할 가능성이 크다.

4. 장래에 이러한 병기가 비밀리에 제조되어 돌연 엄청난 파괴력과 함께 사용될지도 모른다. 이 병기를 통해 약소국이 불과 며칠 내에 강대국을 정복할 수도 있다.

5. 기술의 진보에 부응하지 않는 현재의 빈약한 도덕적 가치에 비춰볼 때, 세계는 이러한 병기에 의한 멸망의 위기에

직면할 것이다. 근대 문명이 완전히 파괴될 수도 있다.

6. 우리 지도계층이 이 새로운 병기의 힘에 대한 인식 없이 국제평화기구 문제를 논한다는 것은 비현실적일 것이다. 지금까지 생각되어온 어떠한 관리 제도도 이 위협을 관리하기에는 충분치 않다. 특정한 국가에 있어서 또는 국제적으로 이 병기를 관리하기 위해서는 이전과는 다른 그 누구도 생각하지 못한 정도의 철저한 감시권 및 국내 통제가 필요할 것이다.

7. 이 병기를 다른 국가들과 나누어야 할지에 대한 문제, 또는 나눌 경우 어떤 조건에 의할 것인지에 대한 문제가 대외관계의 주요 쟁점이 될 것이다. 미국이 이 병기를 제조했다는 것은 그로 인해 문명이 감당해야 할 모든 비극적 상황에 대해 도의적 책임을 스스로 지게 되었다는 것을 의미한다.

8. 반면 원자력의 정상적인 사용방법에 대한 문제를 해결할 수 있다면 세계 평화와 우리의 문명을 우리가 원하는 방식으로 보존할 수 있는 기회를 갖게 된다.

9. 이와 관련하여 우리 정부의 행정과 입법 부문 양측에 있어 필요한 조치의 권고가 가능한 권한을 갖는 특별위원회의 설치를 준비하고 있다.

스팀슨의 보고서를 보면 등골이 오싹해지는 걸 느낄 수 있다. 2017년을 살아가는 우리가 익히 알고 있고 당연하게 받아들인 국제정치의 역학구도와 핵무기 통제, 핵무기를 통한 국제질서에 관한 뼈대가 1945년에 나온 보고서에 모두 담겨 있다는 사실 때문이다.

이제 칼자루는 트루먼에게 넘겨졌고 트루먼은 당장 두 가지를 결정해야 했다.

첫째, 원자폭탄을 사용할 것인가 말 것인가
둘째, 사용한다면 어떤 나라에 떨어뜨릴 것인가

전쟁은 거의 끝이 났다. 스팀슨의 보고서처럼 원자폭탄은 전대미문의 전율스러운 폭탄이다. '이걸 사용할 정도의 급박한 상황이 전개될까? 그리고 떨어뜨린다면 어디에 떨어뜨려야 할까? 독일과 일본 중 떨어뜨려야 한다면 어디일까?'

트루먼의 고민은 곧 하나로 모아졌다. 1945년 4월 30일 히틀러가 베를린 벙커에서 자살하고 며칠 뒤 5월 7일 독일이 공식적으로 항복했다. 그리고 운명의 1945년 5월 8일 트루먼은 대일 성명을 발표하기에 이른다.

"일본의 지도자들과 일본군이 전쟁을 계속하는 한 우리의 공격은 더욱 강력해지고 일본의 모든 것은 완전히 파괴될 것이다. … (중략) … 우리의 공격은 일본의 육해군이 무조건 항복하여 무기를 버릴 때까지 멈추지 않을 것이다. 군대의 무조건 항복은 일본 국민에게 무엇을 의미하는가. 그것은 곧 전쟁의 종결을 의미한다. 이러한 재해를 가져온 군부지도자 세력에 종지부를 찍는 것을 의미한다."

대외적으로 일본은 반응이 없었다. 하지만 이미 반응을 하고 있었다. 트루먼이 대일 성명을 발표하던 그때 태평양전쟁 가운데 치열한 전투로 손꼽히는 오키나와 전투가 전개되고 있었다. 1945년 4월 1일 시작해 81일간 이어진 이 전투는 이오지마 전투에 비견될 정도로 처참했다. 물론 일본군 투항자가 대규모로 발생했다는 점에서는 고무적이었지만(약 1만 5000명) 지옥 그 자체였다는 사실은 변하지 않았다. 이 한 번의 전투로 미군 사망자만 2만 명이 넘었다.

트루먼은 오키나와 전투가 한창인 5월 25일 일본 본토(규슈) 진공작전에 대한 보고를 받았다. 바로 '올림픽작전'이었다. 문제는 이 작전에서 예상되는 인명 피해 규모였다. 오키나와에

오키나와에서 전투를 치르는 미군

투입된 병력의 35퍼센트가 피해 입은 사실을 감안한다면, 본토 공격에 76만 6000명이 투입됐을 경우 이 중 26만 명 이상의 인명 피해가 예상된다는 보고였다. 그러나 이 보고는 육군장관 스팀슨에 의해 무시됐다.

"만약 일본군이 끝까지 저항한다면 미군의 사상자 수는 100만 명을 넘을 수도 있다."

비관적이지만 무시할 수 없는, 아니 어쩌면 가장 현실적인 예측일 수 있다. 상황이 비관적으로 흐르자 미군 내에서도 전략의 방향성에 대해(그러면서 자군의 존재 의의를 증명하기 위한) 다양한 의견들이 나오기 시작했다. 해군은 섬나라인 일본의 특징을 고려해 지금처럼 해상 봉쇄와 공중폭격으로 일본을 고사시키는 전략을 주장했다. 반면 육군은 일본이 절대 항복하지 않을 것이므로 본토 진공을 주장했다.

서로 저마다의 주장을 내세울 때 트루먼은 종합적인 상황을 고려해 올림픽작전을 승인하기로 결정한다. 그로 인해 1945년 11월 1일을 미군은 일본 본토(규슈) 상륙 날짜로 결정한다.

08

트루먼의 고민과
스탈린의 욕심

2차 세계 대전의 마지막을 장식한 원자폭탄 투하는 말 그대로 한 시대의 종말을 고하고 새 시대의 시작을 알리는 신호탄이었다. 이제 인류는 스스로를 멸망시킬 수 있는 무기를 손에 쥐게 됐다. 인류 역사상 가장 많은 사상자를 낸 전쟁의 마지막을 인류 멸망의 가능성을 여는 무기로 끝을 낸다는 점에서 완벽한 마무리였다.

"트루먼은 왜 원자폭탄을 떨어뜨렸을까?"

아직까지도 일본은 도쿄 대공습, 히로시마와 나가사키의 원자폭탄 투하를 언급하며 자신들을 태평양전쟁의 희생자로 포장한다.

"이미 승패가 결정 난 전쟁에서 도쿄 대공습과 원자폭탄 투하는 전쟁 범죄와 다름없는 잔혹한 행위다. 조금만 시간을 줬다면 전쟁은 평화롭게 끝이 났을 것이다."

과연 일본인들의 주장이 옳은 걸까?
정말로 미국이 감정에 휩싸여 너무 성급하게 원자폭탄을 사용했던 걸까?

절차적 정당성

1945년 5월 8일은 기념할 만한 날이다. 트루먼이 대일 성명을 발표한 날이기도 하지만 이날은 원자폭탄 사용에 있어 '역사적인 회의'가 소집된 날이기도 하다. 트루먼이 대일 성명을 발표할 무렵 스팀슨은 잠정위원회를 소집했다. 그는 트루먼에게 보고했던 보고서의 내용을 그대로 실행했다. 미국 정부와 군의 고위관료, 과학자, 민간인 대표 14명으로 구성된 이 위원회의 목적은 단순했다.

"원자폭탄을 사용할 것인가?"

당시 위원회의 분위기는 양측으로 갈라졌다. 과학자 그룹은 원자폭탄 사용으로 발생할 수 있는 문제점과 비윤리적인 측면에 대해 말했다. 이에 반해 군 출신과 정부 측 인사들은 사용을 전제로 국제정치의 세력 변화, 특히 소련의 참전과 이후 미국과 소련의 갈등에 대해 고민했다. 과학자의 양심, 군과 정부관계자들이 바라보는 전쟁 후의 국제정세 등이 회의 탁자 위에서 실랑이를 벌였다. 하지만 이들 모두를 설득할 수 있는 단순한 통계 하나가 등장하면서 이들의 설전은 끝이 났다.

"미군 사상자 수"

일본 본토에 가까워지면서 미군 사상자 수는 기하급수적으로 늘어났다. 이오지마와 오키나와 전투에서 보여준 일본군의 '악귀'같은 모습은 미군에게 악몽이었다. 미군의 피해를 최소화하고 전쟁을 조기에 끝내야 하는 것은 누구도 반대하지 못할 명분이었다. 아무리 미국이라지만 언제까지 전시 국채를 뿌릴 수만은 없었다.

1945년 6월 1일 잠정위원회는 하나의 보고서를 채택한다.

- 원자폭탄은 가능한 빠른 시일 내에 일본을 상대로 사용해야 한다.
- 일본 정부에 최대한의 심리적 충격을 줌으로써 그들이 '무조건 항복의 수락'이라는 마지막 결정을 내릴 수 있도록 원자폭탄은 거대한 군사시설에 사용해야 한다.
- 원자폭탄은 예고 없이 사용해야 한다.

인류 역사상 미증유의 파괴력을 지닌 무기의 사용 앞에서 미국은 최소한의 절차적 정당성을 밟고 있었다. 일반인들 중에는 트루먼이 독단적으로 원자폭탄 사용을 결정했다고 생각하는 사람도 있지만, 미국은 나름 고민하는 척을 했다(트루먼에게 원자폭탄은 전쟁 이후를 담보할 수 있는 전략 자산이었고 굳이 트루먼이 아닌 다른 지도자라도 원자폭탄의 사용을 주저하지 않았을 것이다. 1945년 6~7월 미국이라면 원자폭탄이 아니라 더한 무기라도 주저 없이 사용할 상황이었다). 이 보고서를 받은 트루먼은 결심을 굳힌다. 그리고 이내 자신의 입장을 발표한다.

"나는 며칠 동안 이 문제를 깊이 생각했다. 결국 어쩔 수 없이 보고서의 내용에 동의할 수밖에 없다는 결론에 도달했다. 잠정위원회의 임무는 내게 원자폭탄에 관한 조언을 하는 것이다. 최종적인 모든 책임은 나에게 있으며 나는 이를 부인하고 싶지 않다. 보고서의 내용과 상관없이 나 스스로 결론을 내리고 있었다. 마침 나의 결론과 보고서의 내용이 합치했을 따름이다. 나는 일본의 덴노와 그 군사 고문들로부터 진정한 항복을 받아내기 위해서는 우리가 그 제국을 분쇄하기에 충분한 파괴력을 보유하고 있다는 증거를 보여줄 수밖에 없다고 생각한다. 따라서 그들에게 엄청난 충격을 줄 필요가 있다. 또한 원자폭탄으로 인한 인명 피해보다 그로 인해 구할 수 있는 미일 양국의 인명이 몇 배나 더 많다는 점도 중요한 고려사항이었다."

여기서 주목해야 할 대목이 있다.

첫째, 보고서의 내용과 상관없이 나 스스로 결론을 내리고 있었다. 마침 나의 결론과 보고서의 내용이 합치됐을 따름이다.

둘째, 원자폭탄으로 인한 인명 피해보다 그로 인해 구할 수 있는 미일 양국의 인명이 몇 배나 더 많다는 점도 중요한 고려사항이었다.

트루먼은 원자폭탄이 완성되기 이전에 이미 미증유의 대량 살상무기의 사용을 결심하고 있었다. 아울러 원자폭탄이 미군의 생명(덤으로 일본군도)을 구해내리라고 믿었다. 트루먼의 입장을 들은 잠정위원회는 원자폭탄의 사용에 대한 세부사항을 조율하기 시작했다. 이때 핵심이 됐던 게 사전 경고와 사용시기였다. 일본의 학자들 중 일부가 미국의 원자폭탄 사용이 '인종적 편견에 휩싸인 감정적인 사용'이라고 말하는 이유가 바로 '경고의 부재' 때문이다.

"원자폭탄과 같이 엄청난 파괴력을 가진 무기가 있다면 이를 보여주는 것만으로도 전쟁이 끝이 났을지 모른다. 일본 근처의 무인도나 인구가 적은 도서 지역에 경고와 함께 핵폭발을 보여줬어도 충분했다."

과연 그럴까? 역사에 만약은 없지만 가정을 해보자. 원자폭

나가사키에 떨어뜨린 원자폭탄 팻 맨

탄의 사용을 경고하고 무인도나 인구가 적은 지역에 위협용으로 떨어뜨린다면 어떻게 됐을까? 이 의견의 결정적 문제는 '현대의 시각'으로 당시를 바라봤다는 점이다.

미국이 아무리 돈이 많다지만 원자폭탄을 마음대로 찍어낼 수 있는 상황은 아니었다. 맨해튼 계획에 의해 만들어진 리틀 보이Little Boy(농축우라늄 방식)는 겨우 세 발이 전부였다. 한 발은 최초의 핵실험에 사용된 트리니티Trinity였고, 한 발은 나가사키에 떨어뜨리고 나머지 한 발은 남아 있었다(히로시마에 떨어뜨린 플루토늄 방식의 팻 맨이 맨 마지막에 제조됐다). 당시 스팀슨은 트루먼에게 다음과 같이 보고했다.

"매달 원자폭탄 한 발씩을 생산해낼 수 있습니다."

아무리 미국이라지만 항공모함을 찍어내듯 핵무기를 찍어낼 수는 없었다. 몇 발 되지 않는 원자폭탄 중 한 발을 효과가 있을지 없을지도 모르는 경고용으로 사용하기는 힘들었을 것이다(원자폭탄에 한정해서 보자면, 당시 미국의 상황은 그리 여의치 않았다. 나가사키에 마지막 원자폭탄을 떨어뜨리고 나서 10개월 뒤 미국의 가용 원자폭탄 수는 겨우 7발이었다. 우라늄 원자폭탄의 경우 최소한 3~4개월 이상 농축을 해야 폭탄을 만들 수 있었는데, 당시 생산시설의 기계적 문제로 생산이 중지된 상태였다).

결국 잠정위원회는 경고 없는 원자폭탄의 조기 사용을 결정한다. 이때가 1945년 6월 21일이었고 이것으로 미국 정부의 정책방향이 결정됐다.

"원자폭탄이 완성되는 대로 경고 없이 바로 일본에 떨어뜨린다."

트루먼의 의심 vs 스탈린의 욕심

1945년 5월 이후, 그러니까 독일의 패망 이후 연합국 내의 균열을 단적으로 보여주는 '외교 사건'이 하나 있었다. 얄타 회담과 포츠담 회의 사이에 있었던 일로 바로 트루먼의 특별보좌관인 홉킨스의 모스크바 방문이다. 루즈벨트 대통령이 사망하고 트루먼이 바로 대통령직을 승계한 지 겨우 한 달이 지난 1945년 5월 26일 홉킨스는 모스크바로 날아갔다.

당시 쟁점은 소련의 '야망'이었다. 소련은 독일의 패망 이후 유럽을 야금야금 갉아먹고 있었다. 대표적인 나라가 폴란

해리 홉킨스

드였다. 영국에 있는 폴란드 임시정부를 무시하고 루블린에 있는 친소정부를 지지하고 나섰다. 이뿐 아니라 거의 전쟁이 끝나가던 1945년 2월에는 소련 외무차관 안드레이 비신스키 Andrei Yanarievich Vyshinskii가 루마니아에 방문해 친소정부 구성을 독려했다. 동유럽을 소련의 발치에 두려는 행위였다. 영국과 미국이 항의를 했지만 스탈린은 요지부동이었다. 오히려 연합국에게 화를 냈다. 스탈린의 소소한 분노는 이미 연합국을 질리게 만들었다.

"이탈리아에 주둔한 독일군이 영국과 미국에 항복했다. 이건 영국과 미국의 단독 강화다!"

"대對독일전 참전을 거부한 아르헨티나가 샌프란시스코 회의(1945년 4~6월 사이 UN 창설을 위해 세계 50개 국이 모인 국제회의)에 참석하는 건 옳지 않다!"

"영국이 폴란드에 반反소련적인 정부를 세우려 한다. 이건 소련의 권익을 침해하는 일이다!"

"프랑스가 한 일이 뭐가 있나? 전쟁 초반 독일에 항복한 프랑스가 독일배상위원회에 참여하는 건 어불성설이다!"

"무기대여법을 왜 지금 중단하는 건가?"

스탈린의 요구사항은 끝이 없었고, 미국과 영국은 소련이 드디어 본색을 드러냈다며 불편한 심기를 내비쳤다. 그러나 아직 전쟁은 끝나지 않았다. 스탈린에게는 '대일전 참전'이라는 카드가 남아 있었고 이걸 활용해 최대한 많은 이익을 얻어내겠다는 의지를 보였다. 반면, 유럽과 미국은 소련이 새로운 적으로 부상하고 있다는 사실을 확실히 느꼈다. 이런 상황에서 홉킨스가 모스크바로 날아갔다. 외교적인 방법으로 최대한 '충돌'을 줄이고 전쟁이 끝날 때까지 연합국의 모양새를 유지하기 위해서였다.

이 자리에서 스탈린은 한 가지 약속을 한다.

"8월 8일까지 대일전에 참전하겠다!"

루즈벨트가 살아 있었다면 좋아했을 이야기다. 그러나 여기에는 꼬리표가 하나 붙어 있었다.

"얄타 협정의 조속한 이행을 촉구한다."

스탈린은 얄타 회담에서 얻은 성과를 조속히 받아내고 싶었다. 꼬리표는 길었다. 스탈린의 대일전 참전에는 소박한 희망도 더해졌는데, 일본 점령에 소련도 참여하고 싶다는 의지를 홉킨스와의 회담에서 내비쳤다. 더불어 점령지역도 특정했다. 스탈린의 대일전 참전은 미국 입장에서 늑대를 피하려다 호랑이를 부른 꼴이 될 확률이 높아졌다.

09

미국과 소련의 수싸움

1945년 2월의 얄타 회담과 1945년 7월의 포츠담 회담은 둘 다 연합국들의 전쟁지도부들이 모인 회의였지만, 이 5개월 동안 연합국은 수많은 변화를 겪어야 했다. 가장 큰 변화는 연합국을 대표하는 세 거두가 바뀌었다는 부분이다. 루즈벨트가 4월에 죽었고 처칠은 회담 중간에 교체됐다.

   1945년 7월 25일 회담 중간에 처칠은 본국으로 돌아가야 했다. 영국 선거에서 노동당이 승리했고 애틀리가 수상이 됐기 때문이다. '요람에서 무덤까지'란 유명한 캐치프레이즈 하나로 노동당은 정권을 잡았다. 더 이상 수상이 아닌 처칠은 회담에서 빠지게 됐고 그 자리를 신임 수상 애틀리가 채웠다. 불과 5개월 사이 세 거두 중 2명이 교체됐다. 문제는 교체된 자들의 생각이었다. 애틀리는 중요하지 않았다. 중요한 건 트루

영국의 43대 총리 클레멘트 애틀리

먼의 마음이었다.

트루먼은 소련의 대일전 참전을 탐탁지 않게 생각했다. 스탈린은 얄타 회담에서 얻은 이권을 빨리 챙겨가고 싶었지만 트루먼은 이런 스탈린의 태도가 못마땅했다. 만약 얄타 회담대로 이야기가 진행된다면 만주의 이권은 고스란히 소련에게 넘어가게 됐다. 트루먼은 루즈벨트가 너무 많이 양보해서 전쟁 후 국제정세가 어려워질 것이라고 판단했다. 트루먼 입장에서는 얄타 회담을 무효화해야 했다.

"소련의 힘을 빌리지 않고 일본을 굴복시켜야 한다."

그것을 전제로 전쟁에서 승리하기 위해서는 소련이 참전하기 전에 일본을 완벽하게 쓰러트려야 했다. 그렇다면 스탈린은 어떤 생각을 했을까? 트루먼과는 정반대였다.

"미국이 전쟁을 끝내기 전에 대일전에 참전해야 한다."

당시 트루먼과 스탈린은 서로를 믿지 못했다. 스탈린은 어떻게든 얄타 회담의 성과물을 얻어내겠다고 작심한 상황이었고, 트루먼은 유럽에서 보여준 스탈린의 행보가 동아시아에서 고스란히 재현되리라는 확신을 가지고 있었다.

"폴란드에서 소련이 하고 있는 짓을 보지 않았는가? 만약 만주를 소련에게 넘겨줬다간 동아시아 전체가 소련의 영역이 될 수도 있다."

트루먼의 급한 마음을 '원자폭탄'이 다독이고 있었다. 포츠담 회담이 시작되기 하루 전 날인 1945년 7월 16일 인류 최초의 원자폭탄 실험이 성공했다. 재미있는 사실은 원자폭탄 실험이 성공했다는 소식을 들은 다른 연합국 지도자들의 반응이었다. 트루먼에게 이 소식을 들은 처칠은 직접적으로 반응했다(당시 영국도 맨해튼 프로젝트에 참여했다).

"그렇다면 소련은 더 이상 필요 없는 것 아닙니까?"

스탈린은 어땠을까? 원자폭탄의 위력에 관한 보고서가 트루먼에게 전달된 것이 7월 21일, 스탈린이 통보받은 시점은 3일 뒤인 7월 24일이다. 이때 트루먼의 표현을 잘 살펴봐야 한다.

"보통이 아닌 파괴력을 가진 신무기 개발에 성공했다."

왜 '원자폭탄'이라는 명칭을 사용하지 않았을까? 스탈린의 표정은 무덤덤했다. 이미 실험 날짜까지 다 알고 있었던 스탈린이기에 이 '보통이 아닌 파괴력을 가진 신무기'의 위력에 대해서는 누구보다 잘 알고 있었다. 대신 마음은 더 조급해졌다. 스탈린과 트루먼은 각각 자신의 패 한 장씩을 꺼내 보이며 회담 초반부터 탐색전을 벌이고 있었다. 트루먼은 원자폭탄이라는 패를 보여줬고, 스탈린은 회담 시작과 함께 고노에 특사가 덴노의 친서를 들고 와서 평화 교섭을 요청했다는 말을 했다(7월 18일). 이 역시도 트루먼은 알고 있었다. 태평양전쟁 초기부터 미국은 일본의 무전 통신을 모두 도청했고, 암호 역시 전부 해독하고 있었다. 당시 스탈린은 덴노의 친서를 트루먼에게 보여주며 이걸 어떻게 처리해야 할지 물었다. 트루먼은 간단히 무시했다.

"일본을 신용할 수는 없습니다."

트루먼의 반응에 스탈린은 화답하듯 말했다.

"일본으로 하여금 이 문제를 안고 잠들게 만들겠다."

서로의 수를 다 알고 있으면서 겉으로 내색하지 않고 상대를 떠보고 있었다. 이미 이들은 공식적으로 다른 생각을 품고 있다는 점을 선언한 상태였다. 스탈린은 대일전 참전을 위해 미국이 소련에게 공식적으로 참전을 요청해달라고 제의했다. 그러나 트루먼은 이를 거부했다.

루즈벨트가 살아 있을 때만 하더라도 소련에게 한없이 부드러웠던 미국이지만 이제는 상황이 달라졌다. 공식적으로 언

트루먼　　　　　　스탈린

급하지는 않았지만 미국은 소련이 참전하기 전에 전쟁을 끝내야 했고, 소련은 미국이 전쟁을 끝내기 전에 전쟁에 뛰어들어야 했다.

트루먼은 원자폭탄으로 전쟁을 끝낼 수 있다고 믿었다. 이러한 생각은 스탈린도 마찬가지였다. 다급한 쪽은 스탈린이었다.

"우리가 참전하기 이전에 일본이 항복해선 안 된다!"

일본은 다른 의미에서 미국과 소련에게 중요한 나라가 됐다. 일본의 몸값이 뛰어올랐다. 미국과 소련은 일본의 항복을 놓고 저마다 자국에 유리한 쪽으로 협상하기 위해 애썼다.

소련과 일본 사이

1945년 4월은 일본의 마지막 희망이 사라진 달이다. 필리핀은 미국 손안에 들어갔고, 오키나와에도 미군이 상륙하기 시작했다. 독일은 수도 베를린을 사이에 두고 최후의 전투를 준비하고 있었다. 그리고 4월 5일, 일본의 마지막 희망이던 소련이 등을 돌렸다. 소련 외무상 뱌체슬라프 몰로토프Vyacheslav Molotov가 소련 주재 일본 대사인 사토 나오타케佐藤尚武에게 일소중립조약의 폐기를 공식적으로 통고했다. 조약은 1941년 4월 25일에 비준됐고, 5년간 유효한 조약으로 폐기 시에는 1년 전에 통고해야 한다는 단서 조항에 충실한 절차였다.

여기서 사토는 몰로토프에게 허를 찌르는 한마디를 던진다.

"폐기 1년 전에 통고한다는 건 1946년 4월까지는 조약이 유효하다는 의미입니까?"

뱌체슬라프 몰로토프

몰로토프는 당혹해 하면서도 사토의 의견에 마지못해 동의했다. 이 대목은 꽤 중요하다. 외교적으로 몰로토프의 사기이기 때문이다. 이미 소련은 얄타 회담을 통해 대일전 참전을 연합국과 약속했다. 몰로토프의 대답은 일본에게 잘못된 신호를 보냈다. 적어도 1년간 일소중립조약은 유지될 것이고, 그렇다면 소련 국경의 병력을 빼도 된다고 일본은 생각했다. 그 결과 관동군關東軍의 전력 대부분을 태평양 전선(본토결전을 위해)으로 돌리게 된다. 솔직히 일본의 판단은 무지에 의해 저지른 실수가 아니라 '믿고 싶은 것만 믿겠다'는 아집에서 시작됐다고 봐야 한다.

몰로토프의 발언이 있고 이틀 후인 1945년 4월 7일 고이소 내각이 무너졌다. 뒤이어 77세의 역대 최고령 총리대신인 스즈키 칸타로鈴木貫太郞가 취임한다. 태평양전쟁 당시 일본 정부를 이끌었던 마지막 총리인 스즈키의 총리 임명은 당시 일본의 상황을 고스란히 보여준 바로미터였다.

원래 고이소 다음의 총리 지명에 있어 육군 측은 하타 슌로쿠畑 俊六를 추천했다. 전임 총리였던 도조 히데키도, 직전 총리였던 고이소도 두 손 들어 하타를 밀었다. 반대로 고노에를 필두로 한 문관들과 해군들은 스즈키를 밀었다. 당시 일본 정부의 입장은 크게 두 가지로 나뉘었다. 문관(주로 외교)과 해군

일본 42대 총리 스즈키 칸타로

측은 '명예로운 화평'이란 이름의 종전을 원했고, 육군 측은 오로지 '본토결전'이었다. 일본제국군 원수元帥였던 하타를 밀겠다는 건 본토결전을 하겠다는 의미였다.

히로히토는 결국 스즈키 칸타로의 손을 들었다. 문제는 그 당시 77세라는 스즈키의 나이였다. 그의 최고령 총리대신 기록은 지금까지도 깨지지 않고 있다.

"이대로 전쟁을 계속하면 일본의 멸망은 진실로 확실해진다."

훗날 스즈키는 총리대신 취임 당시를 회상했다. 그는 4개월 간의 짧은 총리 기간 동안 나름 '종전'을 위해 노력하는 모습을 보였다. 하지만 당시 스즈키는 나이 때문인지 무기력했고, 나름의 노력이란 것도 냉정한 사태 판단에 따른 결론이 아니라 '한없이 절망에 가까운 희망'인 소련에 매달리기가 전부였다. 소련은 본토결전을 외치는 육군에게도, 명예로운 화평을 말하는 해군과 외교관들에게도 '운명'을 거머쥔 존재였다.

영국과 미국을 상대하기에도 벅찬 상황에서 소련까지 참전한다면 육군의 본토결전은 포기해야 하는 상황이었다. 해군과 외교관들도 소련의 중재가 있어야만 연합국과 교섭을 할 수 있다는 다급함이 있었다. 소련은 전쟁을 위해서도, 교섭을 위해서도 가장 중요한 변수였다.

1945년 5월 11일 일본은 최고전쟁지도회의最高戰爭指導會議에서 '일소교섭요령日蘇交涉要領'을 채택했다. 그 내용은 크게 세 가지였다.

> 첫째, 소련의 참전을 방지하기 위해 모든 방법을 강구한다
> 둘째, 소련을 '호의적 중립'으로 만든다
> 셋째, 전쟁을 종결하기 위해 소련을 움직여 일본에 유리한 중개자가 되도록 유도한다

이 정도면 망상을 넘어섰다고 해야 할까? 1945년 5월 11일이라면 이미 독일이 연합국에 항복한 이후다. 소련이 뭐가 아쉬워서 일본의 손을 들어주겠는가? 외교라는 건 협상의 재료가 있어야 성립되는데 일본에게는 협상의 재료가 없었다. 물론 아예 없지는 않았다. 일본이 재료라고 준비한 것은 있었.

일소교섭요령을 정리하면서 일본은 소련을 움직이기 위해 '상당한' 수준의 외교적 양보를 붙여줬다고 생각했다. 그 외교적 양보의 수준을 살펴보자면 포츠머스 조약(러일전쟁을 끝내

기 위해 맺은 조약)을 폐기하고, 만주의 철도 이권과 뤼순반도의 권리를 양도하겠다는 것이었다. 여기에는 단서가 하나 따라 붙었는데, 모두 양보해도 조선은 계속 지배하겠다고 확실히 명기했다. 겨우 이 정도를 가지고 소련과 협상을 하겠다고? 당시 일본은 믿고 싶은 것만 믿고, 보고 싶은 것만 보는 유아기적 행태를 보였다.

여담이지만 일본의 소련에 대한 믿음과 집착은 1년 전에도 있었다. 1944년 5월 도조 내각은 소련 주재 일본 대사였던 사토에게 전문 하나를 보냈다.

"소련의 협력을 얻어 중일전쟁을 끝낼 수 있도록 하라."

당시 일본은 태평양 전선뿐만 아니라 중국 전선에서도 밀리고 있었다. 이미 중국은 국공합작國共合作으로 일본을 몰아붙이고 있는 상태였기 때문에 미국 하나만도 벅찬 상황에서 중국 전선을 조기에 수습하고 이를 발판으로 종전으로 가겠다는 계획을 구상 중이었다.

이를 주도했던 인물이 바로 시게미츠 마모루重光葵(윤봉길 의사에 의해 다리를 다쳤다) 외상이다. 시게미츠의 전문을 받아본 사토 대사는 현실성이 없다며 난색을 표했지만 일본 본토 사람들의 생각은 달랐다. 도조 내각이 물러나고 들어선 고이소 내각 역시 소련을 통한 종전 공작이 현실성이 있다며 이를 국가의 공식적인 정책으로 내놓았다. 이 정도면 눈치가 없는 게 아니라 아예 외교의 개념 자체를 이해하지 못한 수준이다. 그럼에도 일본의 소련 짝사랑은 1945년 8월 9일까지 계속 이어졌다.

10

일본의 소련 짝사랑

원자폭탄이 턱밑까지 다가오던 그 순간까지 일본은 소련에 대한 희망의 끈을 놓지 못했다. 왜 그랬을까? 다시 말하지만 일본은 믿고 싶은 것만 믿었다.

일본 대본영大本營은 소련이 향후 취할 노선에 대해 고민한 적이 있었다. 가능성은 두 가지로 평화 아니면 전쟁이었다. 각각의 가능성에 대해 대본영은 가능성을 저울질했다.

첫째, 평화의 가능성
둘째, 전쟁의 가능성

첫 번째 가능성은 소련이 대일전에 참전하지 않을 것이란 판단이다. 이 판단의 근거는 전후 소련의 세계 정책이다. 서방

세계에 포위된 상황에서 일본과 전쟁을 한다면 일본을 적으로 돌린다는 의미다. 두 번째 가능성은 소련이 일본과의 전쟁을 계획하고 있으면서 일본을 속이고 때를 기다리고 있다는 판단이다. 누가 봐도 두 번째 가능성이 합리적이다. 설사 아니더라도 국가 시스템에서 전쟁을 대비하고 실행하는 집단이라면 당연히 최악의 상황을 고려해야 한다. 국가 안보 혹은 국가의 전략적 판단이 요구되는 외교에서 '절대'라는 말은 있을 수 없다. 0.1퍼센트의 가능성이라도 대비해야 한다. 그게 제대로 된 나라다. 그러나 대본영의 생각은 달랐다.

"스탈린의 현명함을 기대한다."

스탈린이 생각이 있는 지도자라면 향후 정세를 고려해 일본과의 무모한 전쟁은 일으키지 않을 것이라는 기대였다. 스스로에 대한 과대평가인지 아니면 국제정세에 대한 무지인지, 이도저도 아니면 99.9퍼센트의 절망에서 0.1퍼센트의 희망만 믿겠다는 의지의 표명인지 모를 지경이었다.

물론 대본영의 판단을 이해 못할 바는 아니다. 일본이 전쟁을 지속하거나 평화 협상을 하더라도 소련이 없다면 모든 전략적 판단이 어그진다(당시 일본 전쟁지도부의 판단으로). 쉽게 말해 '패망敗亡'이다. 결국 소련이 등을 돌렸을 때의 가능성을 지워버리고 소련에 매달리는 것만이 유일한 희망의 길이었다.

소련에 목매는 일본

일본의 패망이 코앞으로 다가온 그때 총리가 된 스즈키 칸타로. 만약 그가 조금만 젊었다면, 아니 조금만 더 패기가 있었다면 어땠을까? 단순히 나이의 문제였을까? 그는 휘둘렸다.

스즈키 칸타로
내각의 각료들

4개월 남짓한 총리 재임 기간 동안 그는 '종전'에 대한 입장을 고수했지만 그 방법론과 실행의지는 눈뜨고 찾아볼 수 없을 정도로 민망했다.

스즈키는 고노에 후미마로의 의견을 좇아 소련에게 평화 협상의 중재를 부탁한다는 계획에 찬성했다. 그 덕분에 귀중한 4개월을 덧없이 흘려보내야 했다. 물론 일본의 상황이 모두 소련에 목을 매고 있었으니 이해 못할 바는 아니다. 그렇다면 국가의 운명이 오가는 상황에서 내각의 방향성을 제대로 잡아주든가, 하다못해 의견 조율을 하는 운영의 묘를 보였어야 했다. 그러나 스즈키는 '물에 물탄 듯 술에 술탄 듯' 자기 의견을 제대로 내놓지 못했다.

포츠담 선언과 뒤이은 원자폭탄의 투하 앞에서 스즈키 내각은 끝까지 본토결전을 주장한 육군장관 아나미 고레치카와 평화 종전을 주장한 외무장관 도고 시게노리의 대립으로 붕괴 직전까지 갔었다. 이런 상황에 몰렸음에도 스즈키는 제대로 자기 의견을 개진하지 못했다. 여기까지도 억지로 이해하면 이해할 수 있다. 그러나 그의 묵살 발언(자세한 내용은 후술하겠지만, 어이가 없다)은 아무리 이해하려 해도 이해하기 어려운 부분이다. 비록 번역상의 오해라지만 그의 발언 하나 때문에

아나미 고레치카   도고 시게노리

일본은 원자폭탄을 맞아야 했다. 한마디로 스즈키는 내각을 제대로 컨트롤하는 건 고사하고 주변에 휘둘리다 4개월을 날려버렸다. 총체적 난국이라고 해야 할까? 누군가 나서서 권력을 컨트롤해야 하는 상황에서 제대로 된 의견 조율 없이 저마다 중구난방으로 떠들었다.

이때 나선 이가 앞서 언급했던 덴노의 최측근이던 옥새관 기도 고이치였다. 내각은 겉돌고 있고 육군은 본토결전을, 해군과 문관들은 화평을 말하던 권력의 공백상태에서 기도는 히로히토에게 결단을 요구했다.

"덴노께서 어용단御勇斷을 내어 전국을 수습해주십시오."

이때 기도가 내놓은 수습책은 덴노가 군부를 통제하면 그 사이 국체를 견지하는 '명예의 강화'를 시도하는 것이었다. 끝까지 천황제를 유지하겠다는 강력한 의지였다. 이때도 소련이 등장한다. 기도 역시 소련을 중개자로 선택했다.

"중립국인 소련에 중개를 맡기는 것이 교섭상의 여유를 가질 수 있는 방법입니다."

당연히 육군은 반발했지만 히로히토는 기도의 의견을 채택했다. 이때가 1945년 6월 8일이었다. 만약 소련 대신 미국을 선택해 강화 협상을 벌였다면 일본은 보다 유리한 조건으로 종전을 맞이할 수 있었다(최소한 원자폭탄은 맞지 않았다). 이 시기 미국은 일본과의 종전을 위해 '무조건 항복'이 아닌 다른 협상안을 고민하던 때였다. 일본은 미국과의 협상은 처음부터 배제하고 소련 하나만을 유일한 협상 파트너로 생각했다. 일본의 오판이었다. 어쨌든 소련을 통한 종전 협상이 히로히토에 의해 결정되자 외교채널은 바쁘게 돌아갔고 일본 주재 소련 대사 말릭Jakob Malik을 찾아가 읍소했다.

　소련이 석유를 공급하는 조건으로 일본의 어업권을 포기할 것이라는 협상안을 비롯해 '만주 중립화' 등 여러 카드를 던졌다. 이에 더해 앞으로 다른 사항에 대해서도 논의할 내용이 많다며 소련에게 여러 제안을 건넸다. 그러나 말릭은 냉담했다. 전 총리이자 외교관이던 히로타 고키廣田弘毅가 끈질기게 매달렸지만 말릭은 네 번 정도 회담을 가진 뒤 병을 핑계로 만남을 피했다. 이때 말릭은 최대한 일본 측과 접촉을 피하라는 본국의 명령을 받은 상태였다.

　일본은 점점 조급해졌다. 믿었던 소련이 미온적으로 나왔고

히로타 고키

급기야 오키나와까지 함락됐다. 이대로 가다간 종전 협상을 하기 전에 미군이 일본 본토에 상륙할지도 모른다는 불안감이 엄습했다. 들려오는 연합국 소식은 더욱더 암담하기만 했다.

7월 3일 중국의 행정원장行政院長 쑹쯔원宋子文이 모스크바로 날아가 소련 수뇌부와 회담을 가졌다. 이는 트루먼 대통령의 특별보좌관인 홉킨스가 모스크바로 건너갔을 때 스탈린이 요구했던 회담이었다. 7월 중순에는 연합국 전쟁지도부가 다시 한번 대규모 회담을 가진다는 정보도 연달아 들어왔다. 독일이 패망한 직후 미국, 영국, 소련의 지도자가 모인다면 어떤 이야기가 오고갈까? 필시 일본에게는 좋은 내용일리 없었다.

상황이 이렇게 돌아가자 히로히토는 더욱 다급해졌다. 그리고 특사를 모스크바로 보내 소련과 직접 교섭에 나선다는 결단을 내렸다. 일본 주재 소련 대사가 회담을 피한다면 소련으로 날아가 몰로토프와 직접 담판을 짓겠다는 의지였다. 이때 특사로 선정된 이가 바로 고노에 후미마로였다.

고노에는 1941년 12월에 준비했던 루즈벨트와의 회담을 떠올렸다. 주변의 방해 때문에 회담이 불발됐던 것을 기억하며 고노에는 하나의 계획을 세운다. 아직 육군이 본토결전을 말하는 상황에서 회담의 성공을 장담할 수는 없었기 때문이다.

"몰로토프와 비밀리에 평화 협정의 조건을 합의한다. 그 후 덴노에게 연락해 이를 칙령으로 발표한다. 칙령이 발표된 이상 육군도 어찌할 수 없을 것이다."

비장한 각오였다. 그러나 이런 비장한 각오를 보여줄 기회는 안타깝게도 오지 않았다. 모스크바에 도착한 고노에게 돌아온 건 '희망고문'이었다. 소련 주재 일본 대사였던 사토 나오다케를 통해 전해온 메시지는 '뻔히 보이는' 통보였다.

"몰로토프가 너무 바빠서 고노에를 만날 수 없다."

만약 특사를 거절했다면 일본은 희망을 완전히 버렸겠지만 당시 소련은 특사를 거절하는 것도, 그렇다고 받아들이는 것도 아닌 애매한 태도를 보였다. 이유는 간단하다.

"일본이 항복하기 전에 소련은 대일전에 참전해야 한다."

고노에 특사가 왔을 때 소련의 외교가는 다가올 포츠담 회담을 위해 모든 에너지를 쏟아붓고 있었다. 당연히 일본 특사가 반가울 리 없었다. 그렇다고 쫓아낼 수도 없었다. 만약 일본이 소련의 속내를 눈치 챘다면 자포자기의 심정으로 항복을 할 수도 있기에 완전히 거절할 수도 없었다. 당연히 일본은 유리한 입장에서 '항복'할 수 있었던 마지막 기회를 날려버렸다.

미국과 일본

1945년 6월 미국의 여론조사기관인 갤럽은 전쟁 후 '덴노'를 어떻게 처리해야 하는가에 대한 여론조사를 실시했다. 당연한 결과지만 당시 미국의 여론은 극단적이었다.

- 살해하거나 고통을 주어서 아사시킨다: 36%
- 처벌하거나 국외로 추방한다: 24%
- 재판에 회부하여 유죄가 인정되면 처벌한다: 10%
- 전범으로 처리한다: 7%
- 불문에 붙인다(상급 군사지도자에게만 책임을 묻는다): 4%
- 꼭두각시로 이용한다: 3%

미국 국민은 덴노를 증오했다. 이런 극단적인 여론 앞에서 미국의 전쟁지도부는 일본에 대한 전향적인 자세를 보이게 된다. 이는 여론조사가 있기 전부터 감지되던 기류였다. 당시 전쟁지도부뿐만 아니라 전쟁을 가까이에서 지켜본 민간인(종군기자)들도 조기 종전에 대해서는 비관적인 입장이었다. 미국과 호주의 종군기자 25명은 적어도 1946년 6월까지 전쟁은 계속 이어질 것이라고 예상했다. 미국 국방부의 생각은 좀 더 비관적이었다.

"일본 본토를 점령하더라도 중국대륙과 동남아시아에 있는 일본군은 계속 저항할지 모른다."

이오지마와 오키나와 전투에서 보여준 일본군의 '비상식적인 행동'들을 보면 현실성 없는 얘기라고 말할 수는 없었다.

미국도 '종전'을 원했다. 종전을 할 수 있다면 일본에게 어느 정도 양보할 수 있다는 생각을 가진 이들이 서서히 목소리를 내기 시작했다. 국무차관이던 조셉 그루Joseph C. Grew와 육군성 차관보인 존 맥클로이John J. Mccloy가 대표적이었다. 일본 주재 미국 대사를 지낸 그루는 일본인에게 덴노가 어떤 존재인

이오지마 전투에서 미국은 승리했지만 미군의 손해가 일본군의 피해를 넘어섰다.

지, 일본 군부와 덴노의 관계가 어떠한지 잘 알고 있었다.

"덴노의 재위를 허락하는 조건으로 항복을 요구하면 일본은 더 빨리, 그리고 더 쉽게 항복할 것이다."

존 맥클로이는 좀 더 파격적인 주장을 했다.

"천황제의 유지와 덴노의 재위를 인정한다는 제안을 한 뒤 그 제안을 일본이 거절하면 그때 원자폭탄을 투하하자."

물론 트루먼은 이 의견을 받아들이지 않았다. 그러나 덴노의 재위를 인정한다면 일본의 항복을 좀 더 쉽게 좀 더 빨리 이끌어낼 수 있다는 의견은 꽤 설득력이 있었다. 이건 군부의 입장도 마찬가지였다. 육군장관 스팀슨과 해군장관 포레스탈 James Forrestal이 이 의견에 적극 찬성했다. 특히 스팀슨은 포츠담 회담을 떠나는 트루먼에게 일본의 항복 조건에 '천황제 유지'를 인정하겠다는 사실을 명기하자고까지 말했다. 그들도 전쟁이 지긋지긋했다. 그러나 이런 의견이 정책으로 이어지기는 어려웠다. 가장 큰 문제는 여론이었다. 민주주의 국가인 미국이 국민의 여론을 무심히 지나칠 수는 없었다. 트루먼의 고민은 깊어져만 갔다.

11
포츠담 선언

2차 세계 대전 당시 연합국 지도자들(3국 수뇌)의 마지막 회동이 바로 '포츠담 회담'이다. 이 회담의 특징은 폴란드 문제 이외의 동유럽이나 극동 문제는 거의 거론되지 않고 독일과 독일의 위성국가들에 관한 문제만이 주요 의제로 토의되었다는 점이다.

봉합된 느낌이라고 해야 할까? 독일이 무너진 마당에 마지막 남은 추축국 일본에 대한 대응과 향후 전략에 관한 토의가 있어야 하는 게 당연했지만 이들은 독일에 대한 전후처리에 집중했다. 물론 독일의 전후처리는 중요하다. 그러나 독일의 전후처리만큼 중요한 문제가 태평양 전선에서의 승리다. 아직 전쟁은 진행 중이었기 때문이다.

간략하게 포츠담 회담의 결정사항을 살펴보면 다음과 같다.

포츠담 회담

첫째, 독일 문제

독일은 미, 영, 프, 소 4개국이 점령하는 지역으로 분할되나 경제는 하나의 공동체로 남는다는 것에 합의했다. 또한 근시일 내에 독일의 중앙정부 수립을 허용하지 않기로 했고 독일의 완전한 군비해제와 비무장화, 나치 당원의 근절, 전범 재판, 독일 교육의 감독이 결정되었다. 2차 세계 대전의 원인 중 하나였던 배상 문제는 이미 얄타 회담에서 원칙이 정해졌다.

"현물 배상"

베르사유 조약에 의해 과도한 배상금을 떠안은 독일이 히틀러라는 괴물을 탄생시켰다는 교훈 덕분일까? 가장 많은 피해를 입은 소련은 철저하게 독일을 '털어갔다.' 소련은 소련의 점령지역에 있는 생산물과 공업시설뿐만 아니라 영, 미 점령지역에 있는 공장과 기계의 4분의 1에 해당되는 물자를 배상받았다.

둘째, 폴란드 문제
쾨니히스베르크를 포함한 동프러시아의 북부지역이 잠정적으로 소련으로 이양됐다. 결국 독일은 1937년에 보유했던 영토의 4분의 1을 상실하고 이들 지역에 거주하는 독일인은 독일 본토로 이주하게 됐다.

이것 외에 5개국 외무장관으로 구성되는 외무장관이사회를 설치해 핀란드, 루마니아, 이탈리아, 불가리아, 헝가리 등과의 평화 조약 체결 문제를 담당하도록 했다. 여기까지만 보면 포츠담 회담은 전후처리에 중점을 둔 회담이었다고 말할 수 있다. 그러나 역사적으로 포츠담 회담이 기억되는 건 회담 중간에 발표된 '선언' 하나 때문이다.

바로 "포츠담 선언"이다.

일본에 대한 최후 통첩

포츠담 선언의 공식적인 명칭은 '일본의 항복 조건을 규정하는 선언Proclamation Defining Terms for Japanese Surrender'이다. 포츠담 회담이 진행 중이던 1945년 7월 26일 발표된 이 13개 항목의 선언문은 일본에 대한 최후통첩이라고 말할 수 있을 만큼 냉철하고 단호했다. 포츠담 선언의 전문을 살펴보자.

　1. 수백만 우리 동포들을 대표하여 미합중국의 대통령, 중화민국 국민 정부의 총통, 그리고 대영제국의 수상은 일본에게 이 전쟁을 끝낼 기회를 주어야 한다는 것에 대해 협의했고 합의에 이르렀다.

　2. 서부에서 여러 차례에 걸쳐 지상군과 공군 전력을 증강해온 미합중국과 대영제국, 중국의 엄청난 육해공군은 일본을 향한 최후의 일격을 가할 태세를 마쳤다. 이 군사력은 일본이 저항을 멈출 때까지 전쟁을 수행할 연합국의 투지에 의

해 유지되고 또 고무되었다.

3. 각성한 전 세계 자유인들의 힘에 대한 독일의 무의미하고 헛된 저항의 결과는 일본 인민들에게 하나의 사례로 지독하고 명확하게 다가온다. 이제 일본에 집중되는 그 힘은 저항하는 나치에 가했을 때 그리고 어쩔 수 없이 모든 독일 인민들의 산업과 삶의 터전인 땅들을 초토화시켰을 때보다도 가늠할 수 없을 만큼 강력하다. 우리의 결의가 지지하는 우리의 모든 군사력의 적용은 일본군의 완벽하고 필연적인 전멸과 어쩔 수 없이 그에 따르는 일본인들의 고향이 철저히 파멸됨을 의미할 것이다.

4. 일본이 일본 제국을 절멸의 문턱까지 끌고온 우둔한 계산을 한 아집에 찬 군국주의자 조언자들에게 계속 지배당할 것인지 아니면 이성으로 향하는 길을 따를 것인지를 결정할 시간이 도래했다.

5. 아래는 우리의 요구 조건이다. 우리는 이 요구 조건에서 벗어나지 않을 것이다. 다른 대안은 없다. 우리는 어떤 지연도 용납하지 않을 것이다.

6. 일본의 인민들을 세계 정복에 착수시킴으로써 기만하고 잘못 이끈 자들의 권력과 영향력을 반드시 영원히 제거해

야한다. 우리는 평화의 새로운 질서와 안전, 정의가 무책임한 군국주의를 지구상에서 몰아내지 않는 한 불가능할 것이라고 주장하는 바이기 때문이다.

7. 이러한 새로운 질서가 확립될 때까지 그리고 일본이 전쟁을 일으킬 만한 힘이 남아 있지 않다는 설득력 있는 증거가 생길 때까지 우리가 주장한 필수적인 목표들을 확실하게 달성하기 위해 연합군은 일본 내의 특정 지점들을 지정하고 점령할 것이다.

8. 카이로 선언의 요구 조건들이 이행될 것이며 일본의 주권은 혼슈와 홋카이도, 큐슈와 시코쿠 그리고 우리가 결정하는 부속 도서로 제한될 것이다.

9. 일본군은 완전히 무장해제한 후 평화롭고 결실 맺는 삶을 살 수 있는 집으로 돌아갈 수 있다.

10. 우리는 일본 민족이 노예가 되거나 일본국이 멸망하기를 바라지 않는다. 그러나 우리 포로들을 학대한 자들을 포함한 모든 전범들을 재판을 통해 엄격히 처벌할 것이다. 일본 정부는 일본 인민들의 민주주의적 성향의 부활과 강화를 가로막는 모든 장애물을 제거해야 한다. 기본 인권을 존중하는 것뿐 아니라 언론, 종교, 사상의 자유가 확립되어야 한다.

11. 일본은 전쟁을 다시 일으킬 수 있는 산업을 제외하면 자국의 경제를 위한 각종 산업들을 유지할 수 있고, 현물로써 적절한 배상이 이루어질 수 있도록 징수를 허용해야 한다. 이를 위해 지배와는 구별되는 원자재에 대한 접근이 허가될 것이다. 최종적으로는 일본의 세계 무역 거래의 참여가 허가될 것이다.

12. 연합국의 점령군은 이러한 목표가 완수되고 일본 인민들의 자유로운 의지에 따라 평화를 지향하는 책임 있는 정부가 수립되는 즉시 일본에서 철수할 것이다.

13. 우리는 일본 정부에 일본군의 무조건 항복을 선언하고 이러한 조치에 대한 적절하고 충분한 성의 있는 보장을 제공할 것을 촉구한다. 이에 대한 일본의 다른 대안은 곧 즉각적이고 완전한 파멸이다.

선언문에서 가장 중요한 '항복 조건'들을 살펴보자.

첫째, 군국주의를 완전히 배제
이는 당연한 조건이다. 독일도 나치당의 완전한 제거를 골자로 전후처리를 하고 있었다.

둘째, 일본 본토를 연합국이 점령

7항에 명시돼 있는 이 조건 역시도 당연히 요구할 만하다. '전쟁을 일으킬 만한 힘이 남아 있지 않다는 설득력 있는 증거'를 발견할 때까지 연합국이 점령한다는 것인데, 전후처리를 위해서도 이는 필요한 조치다. 일본의 항복 이후 미국은 1945년 연말까지 총 50만 명 이상의 미군을 일본에 상륙시킨다. 이들은 일본 경찰과 일본군의 무장해제를 집행했다. 그러나 곧 전시동원체제가 해제되면서 점차적으로 주둔 규모를 축소시켜 그 수는 한국전쟁 발발 시점이 되면 8만 5000명까지 줄어든다.

셋째, 카이로 선언 당시 지정된 영토로 일본의 영토를 제한

일본은 이제껏 피땀 흘려 개척한 해외 식민지를 완전히 포기해야 한다는 의미다. 여기엔 한반도도 포함돼 있었다.

넷째, 일본군의 완전한 무장해제

이 역시도 당연한 수순이다. 항복을 선언했는데 손에 무기를 들고 있다는 것은 어불성설이다.

다섯째, 일본인의 자유 보장 및 민주주의 부활, 인권 존중 확립

이 부분은 두 가지 측면에서 생각해봐야 한다. 바로 항복 전과 후다. 당시 일본 군부는 연합국에게 항복하면 일본 국민은 모두 노예가 될 것이라는 선전을 하고 있었다(실제로 국민들은 그렇게 믿었다). '노예가 될 바엔 결사 항전하겠다'고 마음먹은 일본인들을 회유하고 안심시키기 위한 말이었다. 항복 이후 일본의 민주주의를 부활하고, 인권 존중을 확립하겠다는 건 연합국이 일본이란 나라를 어떻게 '개조'하겠다는 방향성을 말하고 있다.

GHQ(연합군 최고사령부)는 일본을 점령한 후 일본을 철저히 뜯고 고쳤는데, 우선 전범들을 처벌하고 협력자들을 공직에서 추방했다. 아울러 일본군과 재벌의 해체에 들어갔다. 화족 제도는 폐지됐고 토지개혁과 민주주의 선거제도, 지방 분권, 언론 자유 등 미국식 민주주의를 이식했다.

여섯째, 전범 재판

독일처럼 이 역시도 당연한 일이다. 설마 그 많은 전쟁 범죄를 일으키고 그냥 넘어갈 것이라고 생각했을까?

일곱째, 군수산업 금지, 그 외 산업 및 경제 유지, 원자재 수탈 금지 및 수출입 허가

이 부분 역시 생각해봐야 하는데, 당시 연합국(미국)은 일본이 다시는 전쟁을 꿈꾸지 못하게 만들 생각이었다. 그 결과 아예 농업국가로 되돌려버릴 생각을 하고 있었다. 실제로 점령 직후 일본은 총리인 요시다 시게루가 GHQ에 구걸하다시피 읍소해 겨우 석유를 구했고, 이를 가지고 가내수공업 형태의 공장을 돌릴 수 있었다. 산업의 기본이 되는 석유 수출입을 붙잡고 있는 것만으로도 일본의 목줄을 움켜쥘 수 있었는데, 그 나머지는 굳이 설명하지 않아도 짐작할 수 있다.

여덟째, 무조건 항복

'이에 대한 일본의 다른 대안은 곧 즉각적이고 완전한 파멸이다'란 대목에 주목해야 한다. 미국은 이미 일본을 파멸로 몰아갈 능력을 확보했다. 그리고 이것을 단호하게 선언했다.

'포츠담 선언'은 일본의 항복 조건을 세세하게 알려줬다. 일본의 입장에선 과도한 요구 같지만 '꽤' 합리적인 조건들이다. 점령 후의 로드맵을 말해줬고, 일본이 협조적으로 나온다면

점령군이 곧 물러날 수도 있다는 걸 확실히 해뒀다.

일본 국민과 일본 전쟁지도부를 분리했고, 일본의 미래상도 함축적으로 보여줬다. 물론 연합국의 말을 다 믿을 순 없지만 일본식의 모호하고 애매한 표현이 아니라 확실하게 연합국의 요구를 말했고, 그 안에서도 일본에 대한 나름의 배려를 보였다. 대표적으로 덴노의 처벌과 천황제 유지에 대해서는 말을 아꼈다는 점이다. 일본 국민에게 덴노가 어떤 위치인지를 알기에 덴노에 대해서는 조심스러운 입장을 유지했다. 적어도 포츠담 선언 내에서 덴노는 논외의 존재였다.

문제는 일본의 전쟁지도부였다. 그들은 '덴노의 처분이 구체적으로 명시돼 있지 않은 상황에서 전범 재판을 열겠다는 것은 덴노를 전범 재판에 회부할 수도 있다는 의미가 아닌가?' 하고 생각했다. 일본은 파멸을 피할 수 있는 마지막 기회를 앞에 놓고 다시 한번 내부 투쟁에 들어갔다.

12

일본의 실수

만약 일본이 포츠담 선언을 즉각 수락했다면 어떻게 됐을까? 확실한 점은 일본 본토에 원자폭탄은 떨어지지 않았을 것이고 소련군 참전도 없었을 것이라는 사실이다. 또한 그랬다면 한반도는 둘로 쪼개지지 않았을 거다(일본은 끝까지 우리의 발목을 잡았다).

그렇다면 1945년 7월 26일 이후 일본은 어떠했을까? 7월 27일 포츠담 선언을 검토하기 위해 최고전쟁지도부회의가 소집됐다. 외무장관이던 도고 시게노리는 이 제안을 거부하는 것은 현명하지 못한 일이라고 생각했다. 포츠담 선언을 두고 가장 '현명한 생각'을 가지고 있던 건 외교성이었다.

"포츠담 선언에 대해선 일단 노코멘트라는 입장을 밝혀 시간적 여유를 얻은 다음 이를 수락하는 쪽으로 방향을 잡아야 한다."

외무성 차관인 마츠모토 슈이치松本俊一도 이렇게 말했다.

"나는 7월 27일 아침에 있던 정례 간부회의에서 일본으로서는 결국 이를 수락함으로써 전쟁을 종결시키는 것 외에 다른 방도가 없다고 했다. 무조건 항복이라는 말 자체는 언어적 유희에 불과하기 때문에 만약 강화가 시작되면 교섭에 의해 이를 충분히 논의할 수 있는 상황이다. … (중략) …

따라서 포츠담 선언에 대하여 모두 납득한 우리들은 그 전문을 숨김 없이 국민에게 발표하되, 절대로 거부하는 듯한 태도를 취해서는 안 된다는 결론을 내렸다. 일본으로서는 이런 중요한 시점에 이를 밝히고 검토한다는 인상을 주기 위해 신문에는 '노코멘트 no comment'라는 말과 함께 전문을 공개하는 것이 타당할 것이라고 했다. 이러한 나의 의견에 모두 동의했다. … (중략) …

대신은 우리의 방침을 각의에서 밝히고 협조를 구하겠다고 했다."

7월 27일 새벽, 일본의 외무성 관료들은 포츠담 선언을 분석한 후 '이건 받아들여야 한다'라는 결론을 내렸다. 이들이 주목한 건 '천황제와 덴노'에 대해서는 구체적인 명시가 없다는 점이었다. 물론 전범 재판 항목이 눈에 거슬렸지만 그들도 이 정도는 각오해야 한다는 반응이었다. 나머지 영토 문제, 재벌 해체 문제 등은 부차적인 문제였다.

마츠모토의 말처럼 당시 일본 외무성은 무조건 항복은 언어적 유희고, 강화 협상을 통해 충분히 타협할 만한 여지가 있다고 생각했다. 이때 일본이 믿은 게 바로 소련이었다. 도고 시게노리 외무장관, 마츠모토 차관, 그리고 외교성 관료들은 이때야 말로 소련에게 중재를 부탁할 기회라고 믿었다.

"소련을 통해 포츠담 선언의 조건을 완화할 수 있다."

이때까지 소련에 대한 환상을 품고 있었다는 점이 어처구니 없지만 그래도 포츠담 선언을 거부하는 것보다는 백 배 나았다. 어쨌든 외교성은 가장 합리적인 판단을 내렸다. 이는 미국이 원했던 긍정적인 반응이다. 포츠담 선언은 연합국 이름으로 나갔지만 이 선언의 원문을 작성한 건 미 국무차관 조셉 그

포츠담 선언의 원문을 작성한 조셉 그루

루였다. 포츠담 선언이 있기 두 달 전인 5월 28일 그루는 '대일 성명서'의 초안을 트루먼에게 제출했다.

일본 주재 미국 대사로 근무한 경력이 있던 그루는 '천황제'가 일본인들에게 어떤 의미인지를 잘 알고 있었기에 덴노의 처벌에 관해 부정적인 입장을 보였다. 아울러 자신의 입장이 대일 성명서에 반영되길 원했다. 그루는 트루먼에게 그 이유를 상세히 설명했다.

"일본인은 열광적인 국민으로 최후의 순간까지 그리고 최후의 1인까지 싸울 가능성이 있다는 점을 알아야 합니다. 만약 그들이 그렇게 나온다면 미국인의 희생은 상상할 수 없을 정도로 커질 것입니다. 일본인이 무조건 항복을 받아들이는 데 가장 큰 장애가 되는 것은 항복에 의해 덴노와 천황제가 영구히 배제되거나 파괴될지도 모른다는 생각 때문입니다."

그루는 전쟁을 빨리 끝내기 위해서라도 5월 중으로 대일 성명을 발표하라고 건의했고, 트루먼은 군 지휘관들의 의견을 종합해 발표하겠다고 긍정의 뜻을 비쳤다. 군 지휘부는 성명 발표 시기에 대해 오키나와 전투 이후가 좋을 것이란 의견을 냈다. 오키나와 전투가 갖는 상징성을 생각한다면 적절한 선택이었다. 그런데 오키나와 전투가 너무 늦게 끝나버렸다.

6월 18일 오키나와 전투가 끝나고 발표를 하려고 하니 이번엔 7월에 포츠담 회담이 걸려 있었다. 트루먼은 그루의 초안을 들고 포츠담으로 날아갔다. 연합국 정상들과의 회담 직전에 대일 성명을 발표하는 것보다는 연합국 정상들의 의견을 취합한 뒤 발표하는 게 외교적으로 모양새가 좋다는 판단이었다.

여기까지 보면 미국은 절차상에 있어 아무런 '실수'가 없었다. 일본 전문가인 그루의 의견을 받아들여 최대한 일본을 배려한 선언문을 만들었고 외교적인 배려, 연합국과의 의견 조율 등 미국은 할 수 있는 모든 정성을 다해 포츠담 선언을 발표했다. 미국도 내심 일본이 포츠담 선언을 받아들일 수도 있다고 기대했다. 이 정도의 배려라면 상식적으로 이를 받아들일 거라는 희망을 내비친 것이다. 원자폭탄 개발을 진두지휘했던 육군장관 스팀슨의 발언을 봐도 이를 확인할 수 있다.

"… 우리가 현 황실과 입헌군주제를 배제하지 않는다는 것을 분명히 하면 일본이 우리의 경고를 수락할 가능성은 상당히 높아질 것이다. 경고를 발하는 시기를 신중히 선택해야 하는데, 이는 물론 진공작전의 개시 전에 이루어져야 할 것이다. 즉, 일본을 '정신병자들의 자포자기'와 같은 수렁으로 밀어넣기 전에 그리고 소련의 공격이 시작되기 전에 경고를 발할 필요가 있다."

미국은 일본에게 상식을 기대했다. 상식이 있는 나라라면 포츠담 선언을 받아들일 것이라고 믿었다. 실제로 상식이 있던 일본 외교성은 반응을 보였다. 외교성의 판단대로 일본이 움직였다면 원자폭탄을 맞는 일은 없었다. 그러나 일본은 상식적인 나라가 아니었다.

망상, 그리고 결정적 실수

포츠담 선언이 일본의 마지막 기회란 판단을 내린 외교성. 그러나 일본 전쟁지도부는 포츠담 선언의 중요성에 대해 미처 이해하지 못하고 있었다. 도고 외무장관은 포츠담 선언을 받아들여야 한다고 말했지만 이 의견에 동조하는 건 요나이 미츠마사米內光政 해군장관 정도였다. 특히 요나이는 포츠담 선언은 무조건 받아들여야 한다며 자기 의견을 피력했다(요나이 해군장관의 경우는 고이소 내각과 스즈키 내각에서 해군장관을 연임한 인물로 그나마 제정신이 박힌 인물이었다. 그는 포츠담 선언 직후와 원자폭탄 투하 직후에도 강력히 종전을 주장했던 것으로 유명하다).

이때의 상황을 단적으로 보여주는 예가 당시 총리였던 스즈키였다.

"연합국이 최후의 통첩 카드를 내밀더라도 우리가 '예, 그렇습니다'라고 넙죽 항복할 상황은 아니다."

이 정도면 정세 판단 능력이 부족한 게 아니라 아예 없다고 보는 게 맞다.

7월 27일의 전쟁지도부회의는 망상과 개념 없음의 향연이었다. 포츠담 선언의 중요성을 인지하는 건 고사하고, 오히려 미국과 연합국의 심기를 건드릴 만한 발언들도 서슴없이 나왔다. 가장 심했던 건 포츠담 선언은 적절치 못한 내용이라는 '발표'를 해야 한다는 발언이었다.

도고 시게노리는 이들과 설전을 벌였다. 포츠담 선언이 가지는 중요성을 설명하며 외교성의 방침을 채택해달라고 설득했다.

"포츠담 선언을 수락하되 즉각 수락하기보다는 시간을 두고 지켜보면서 받아들인다."

결국 이 회의에서 최종 결정된 정책 방향은 이렇게 의견이 조율됐다.

그러나 운명은 일본을 버렸다. 아니, 노망이 일본을 버렸다고 해야 할까? 회의 다음 날 스즈키 총리가 포츠담 선언을 '묵살'한다는 내용의 인터뷰가 신문에 실렸다. 그 유명한 '묵살 발언'이다.

어째서 스즈키는 포츠담 선언을 묵살한다고 말한 것일까?

"나는 그 공동 성명이 카이로 선언의 재판이라고 생각한다. 따라서 정부로서는 아무런 중대한 가치가 있는 것으로 생각하지 않는다. 다만 '묵살'할 뿐이다. 우리들은 어디까지나 전쟁 완수를 위해 매진할 것이다."

당시 스즈키의 인터뷰 내용이다. 일본어에서 묵살은 '무시한다'와 '보류한다'라는 두 가지 의미가 있다. 그런데 이 보도를 타전한 동맹 통신사는 묵살을 '무시한다'인 'ignore'로 번역해 방송했다. '보류한다'의 'withhold comment'란 표현을 모른다면 속 편하게 'no comment'라고 말했다면 일본의 운명은 바뀌었을지도 모른다.

이건 동맹 통신사의 영어실력 수준을 탓할 문제가 아니다. 명백한 스즈키의 실수였다. 포츠담 선언이 발표되고, 이에 대한 일본의 입장을 말하는 중요한 순간에 자신의 의견이 오독될 수 있다는 사실을 간과했다.

이렇게 예민한 시기에는 표현 하나하나에 세심한 주의를 기울여야 한다. '묵살'이란 표현을 썼다면 기자들에게 묵살의 뜻이 'withhold comment'라고 분명히 밝혔어야 한다. 그러나 77세의 총리는 국제정치의 무서움을 모르고 있었다.

미국은 일본의 '무시한다'란 발언을 포츠담 선언의 거부로 받아들였다. 이로써 원자폭탄 투하에 따른 명분을 넘치게 챙길 수 있게 됐다(결과적으로 보자면 포츠담 선언은 원자폭탄 투하의 정당성을 확보한 명분용 선언이 돼버렸다).

"우리는 성의를 다해 최대한 일본을 배려했다. 그러나 일본은 우리의 제안을 거부했다. 이제 우리는 포츠담 선언에서 밝혔듯이 일본에 '즉각적이고 완전한 파멸'을 안겨줄 것이다."

스즈키의 발언이 있고 나서 일주일도 안 돼 트루먼 대통령은 원자폭탄 투하를 지시하는 문서에 서명했다. 77세 총리의 노망난 한마디가 일본에 지옥을 안겼다.

13

'묵살'의 대가

스즈키 칸타로 총리의 '묵살' 발언을 접한 도고 시게노리 외무장관은 묵살 발언이 가져올 파장에 긴장할 수밖에 없었다. 미국, 영국과 직접 교섭할 수 있는 희망이 사라지면서 이제 의지할 곳이라곤 정말 소련밖에 없게 됐다.

"소련을 통한 종전 교섭만이 일본의 유일한 희망이다. 소련과의 교섭을 서둘러라!"

도고는 소련 주재 일본 대사인 사토 나오타케에게 교섭을 독촉하는 전문을 계속해서 보냈다. 이때까지 일본은 소련이란 '희망'을 붙잡고 있었다. 그러나 사토는 희망 대신 현실을 직시하고 있었다. 도고의 독촉에 사토는 현실을 말했다.

1. 포츠담 선언은 당연히 소련도 알고 있을 것이며, 영미 양국 역시 고노에 특사 건에 대하여 아마 통보를 받았을 것이다. 따라서 포츠담 선언은 그런 일본의 태도에 대한 3국의 입장을 표명한 것이라고 생각하지 않으면 안 된다.

2. 가장 중요한 점은 포츠담 선언은 일본에게 항복을 강요하는 것이며 스탈린도 이를 어찌할 수는 없다는 뜻이다. 더 이상 유혈을 회피해야 한다는 폐하의 의중을 받들어 스탈린을 세계 평화의 애창자로 추켜세운다는 의도는 좋지만 영미 측의 입장에서 보면 그것은 그냥 일본이 무조건 항복하는 것과 마찬가지라는 점이다. 스탈린은 이미 일본이 항복할 경우 만주, 중국 및 조선에 있어 영미 양국을 제압하여 자기 주장을 관철시키려는 계산을 하고 있다. 또한 그러한 힘도 갖추고 있는 그가 지금 새삼스럽게 일본과 협정을 체결하려고 할지도 의문이다. 이 점에 있어서는 대신의 의도와 이쪽의 실제가 심히 엇갈리고 있다고 생각한다.

사토 대사가 일본 본국의 도고 외무장관에게 보낸 전문이다. 냉혹한 현실을 가감 없이 표현했다고 해야 할까?

1항의 고노에 특사에 관한 정보가 영미 양국과 공유되고 있다는 판단과 포츠담 선언이 3국의 입장을 표명한 것이라는 부분은 당시 일본의 기대를 여지없이 깨버렸다.

2항은 더욱더 냉철한데 스탈린은 이미 일본이 항복한 후를 대비하고 있다는 점, 그리고 그럴 의지와 능력을 갖춘 스탈린이 아무것도 가지지 못한 일본과 협정을 맺을 이유가 없다는 냉정한 상황 인식을 확인할 수 있다. 이건 외교관이 아니더라도 눈치챌 수 있는 이야기다. 거래를 하는데 상대방의 '호의'에만 기대어 진행한다면 그 거래가 과연 성사될까? 국제정치는 냉혹한 거래의 현장이다. 상대방에게 뭔가를 요구하려면, 그에 상응할 만한 '재료'가 있어야 말을 섞을 수 있다. 그러나 당시 일본에게는 아무런 재료가 없었다.

사토의 통찰력이 대단하다기 보다는 당시 일본의 외교 수준이 그만큼 떨어졌다고 보는 게 맞다. 사토의 속은 까맣게 타들어가고 있었다. 누가 봐도 소련은 연합국과 거래를 하고 있었고 다 쓰러져가는 일본과 '귀찮은 협상'을 하기 보다 먹어버리는 게 훨씬 간단했다. 소련은 그럴 힘도 의지도 이유도 있었다. 그럼에도 불구하고 일본 본국에서는 소련이 마지막 순간 일본과의 협상을 통해 전후 세계 질서를 재편하려 할 것이라는 '막연한 기대'를 붙잡고 있었다. 협상은 고사하고 일본에

선전포고만 하지 않아도 다행인 상황이었다. 사토는 본국에 계속 전문을 날렸다.

"하루라도 빨리 일본이 선언을 수락한다고 통보하면 항복 조건이 완화될 수도 있다. 그러나 아무리 완화되더라도 독일의 예에서 보듯이 전쟁 책임자의 처벌은 피할 수 없을 것이다. 전쟁 책임자가 진정한 우국지사라면 마음을 가다듬고 희생되는 것이 도리일 것이다."

사토의 간청이었다. 포츠담 선언을 받아들이는 것만이 일본을 살릴 수 있다고 사토는 굳게 믿었다. 아울러 포츠담 선언 13개 항목 중 유일하게 일본 측 입장에서 걸리는 부분인 전쟁 지도부의 전범 재판 회부에 대한 의견을 솔직히 피력한다. 이때쯤 되면 일본의 패전은 시간문제일 뿐 이미 확정됐다고 봐도 무방했다. 전쟁지도부들 사이에서는 알게 모르게 패전 후의 상황을 걱정하고 있었다. 물론 패망 이후 차례차례 자결을 한 이들도 꽤 있다. 끝까지 결사항전을 외쳤던 육군장관 아나미 고레치카 같은 경우에는 마지막까지 본토결전을 주장하다 히로히토 덴노가 무조건 항복에 동의하는 모습을 보고 유언

장을 쓰고 할복했다(〈일본 패망 하루 전〉이란 영화에는 당시 상황이 자세하게 묘사돼 있다).

"나는 덴노 폐하께 죽음으로 사죄한다."

아나미 고레치카와 같이 나름의 책임을 진 인물도 있지만 태평양전쟁을 일으킨 도조 히데키는 전쟁이 끝난 지 한 달 가까이 지날 때까지 꿋꿋이 살아 있었다. 당시 도조는 일본 국민으로부터 젊은 병사들을 사지死地로 몰아넣고 뻔뻔히 살아남았다고(덤으로 그의 아들 셋도 살아남았다) 죽음으로 사죄하라는 수만 장의 편지를 받는다. 전범 재판에 회부되면 100퍼센트 사형이 확정되는 상황임에도 그는 할복하지 않았다.

결국 전범 재판에 회부되기 직전인 1945년 9월 11일이 되어서야 권총으로 자살을 시도한다. 보통 권총으로 자살을 하는 경우 총구를 입에 물거나 관자놀이에 총구를 들이미는데, 도조는 가슴에 총을 쐈다. 그 결과 자살은 실패했고 때마침 들이닥친 미군 헌병들의 손에 이끌려 병원으로 실려 간다. 이 때문에 도조의 자살은 자살 미수가 아니라 '쇼'라는 의견이 많았다. 죽기는 싫은데 죽는 시늉은 해야겠기에 미군 헌병들이 들이닥치는 타이밍에 맞춰 권총으로 가슴을 쐈다는 추측이다.

아나미와 도조의 예처럼 전후 일본 전쟁지도부들은 어떤 식으로든 '책임'을 져야 했다. 그리고 이건 그들에게 엄청난 압박이었다. 사토는 전범 재판은 피할 수 없고 어차피 처벌을 받을 거라면 일본을 위해 지금 선택하는 것이 옳다고 역설한 것이다. 사토가 전문을 보낸 날짜는 1945년 8월 5일이었다.

원자폭탄이 떨어지다

사토가 전문을 보내고 하루 뒤인 1945년 8월 6일 8시 15분 히로시마에 원자폭탄이 떨어졌다. 트루먼 대통령이 원자폭탄 투하 명령서에 사인한 날이 1945년 8월 3일이었다. 당시 미국은 '작심'한 상황이었다. 진주만의 기습공격, 남태평양에서 보여준 일본군의 광신적인 모습, 이오지마와 오키나와 전투에서의 희생 등을 떠올렸다. 그럼에도 종전을 위해 포츠담 선언에서 최대한 '배려'를 해줬건만 일본은 이 마저도 '묵살'했다.

미국에서는 더 이상의 희생을 피하기 위해 일본의 항구에 기뢰를 깔고, 곡창지대에 제초제를 뿌려 일본을 굶겨 죽이자는 여

히로시마에 투하된 원자폭탄에서 피어오르고 있는 버섯구름

론까지 대두될 정도였다(꽤 많은 지지를 얻었다). 계획만으로 존재했던 '몰락작전Operation Downfall'을 살펴보면 육해공 총합 100만 명이 넘는 병력을 동원하고 항공모함 75척, 구축함 380척, 호위함 400척, 폭격기 7500대라는 어마어마한 물량을 쏟아부을 예정이었다.

이 작전의 핵심은 도쿄 부근의 병력 상륙으로 상륙을 전후로 하여 상륙지점을 제외한 일본의 주요 도시 10개에 원자폭탄을 투하하고(작전이 개시된다면 1945년 말 혹은 1946년 초까지 준비되는 원자폭탄 일곱 발을 다 사용할 기세였다), 50여 개 중소도시에 생화학 가스를 살포, 전 일본 국토에 6000여 대의 폭격기로 융단 폭격, 일본 곡창지대에 제초제를 살포하여 농업생산을 마비시키는 등 말 그대로 일본을 지구상에서 지워버리겠다는 선언이었다. 그 실행 가능성에 대해서는 말들이 많지만 (능력은 충분했다) 당시 미국의 분위기를 확인할 수는 있다.

히로시마에 원자폭탄'만' 떨어진 건 어쩌면 미국의 '배려'였다. 만약 도시 기능이 마비된 상태에서 2차로 소이탄 폭격이 있었다면 어땠을까? 정치적 효과를 위해선 깔끔하게 한 발로 끝내는 게 더 효과적이지만 군사적 측면에서 보자면 2차로 소이탄을 폭격했을 경우 히로시마는 지도상에서 완전히 사라졌을지도 모른다.

당시 히로시마는 인구가 35만 명에 달하는 일본에서 8번째로 큰 도시였다. 그러나 원자폭탄 한 발로 도시 인구수가 절반 가까이 줄었다. 통계에 따라 다르지만 당시 주둔하고 있던 군인 2만 명과 민간인이 7만 명에서 14만 명 가까이 사망했다.

당시 히로시마에 주둔 중이던 일본군 통신병 한 명이 폭발 당시 지하벙커에 있다가 살아남았다. 그는 즉각 인근에 주둔하고 있던 연대본부에 전화하여 히로시마 상황을 보고했다.

"히로시마 전멸"

그러나 이 보고는 대본영에까지 올라가지 못했다. 그 누구도 폭탄 한 발에 히로시마가 전멸할 거라곤 생각하지 못했기 때문이다. 히로시마 인근의 구레 해군기지에 있던 해군들은 히로시마 시내의 육군 탄약고가 폭발한 줄 알 정도였다.

출근시간에 떨어진 폭탄, 게다가 편대가 아닌 단기로 날아온 폭격기를 보고 기상관측기로 지레 짐작해 대피호로도 들어가지 않았기에 피해는 더 컸다. 문제는 2차 피해였다. 폭격으로 거의 대부분의 의사와 간호사들이 사망한 상태에서 화상과 방사능에 의한 피부 괴사로 환자들이 죽어나갔다. 히로시마 인근의 의료진들이 황급히 달려왔지만 이들이 할 수 있는 건 거의 없었다. 이런 상황에서 군부가 내놓을 수 있는 대책은 한 가지였다.

"화상을 입으면 간장을 바르거나 소금물에 적신 헝겊으로 찜질할 것."

2차 투하에 대비한 지침이었다. 군부는 원자폭탄 투하에 대해 일반인들에게 철저히 함구했다. 심지어 투하 당일 원자폭탄 투하에 대해 질문한 도고 시게노리 외무장관에게도 다음과 같이 거짓말을 했다.

"강력한 위력의 보통 폭탄이 떨어진 것이다."

이 부분을 주목해야 한다. 원자폭탄을 떨어뜨리고 16시간 뒤, 트루먼은 원자폭탄 투하에 대한 성명을 발표했다.

"일본은 진주만 하늘에서 전쟁을 개시했다. 그리고 그들은 몇 배나 되는 보복을 받았다. 아직 전쟁은 끝나지 않았다. … (중략) … 그것은 원자폭탄이다. 그것은 우주의 근원적인 힘을 동력화한 것이다. 우리는 이제 일본 어느 도시에 있는 생산시설도 더 신속하고 완전하게 제거할 준비가 되어 있다. … (중략) … 만약 그들이 우리의 요구를 거부하면 하늘로부터 역사상 유례가 없는 파괴의 소나기를 맞을 것이다."

엄청난 파괴력의 '신무기' 앞에서 일본 정부와 일본군은 할 수 있는 게 없었다. 기껏해야 조사단을 파견하는 일 정도였다.

이화학연구소의 니시나 요시오仁科芳雄(일본의 노벨상 수상자들을 길러낸 일본 현대 물리학의 아버지)는 히로시마에 떨어진 폭탄이 '원자폭탄'임을 확인해줬다. 트루먼의 성명은 사실이었다. 이런 상황에서 일본 군부는 '강력한 위력의 폭탄'이라고 외무장관에게 거짓말을 했다. 이미 트루먼의 성명, 니시나 요시오 박사의 확인이 있었음에도 말이다.

군부의 변명이 이어졌다. 원자폭탄의 파괴력을 국민에게 알리면 큰 혼란이 일어날 것이고, 사기가 떨어질 게 분명하다는 논리였다. 정보 통제를 해야 한다는 '이유'가 이렇게 만들어졌고 이 때문에 당시 일본 언론은 원자폭탄 투하 소식을 보도할 수 없었다. 그러나 불행은 여기서 그치지 않았다.

원자폭탄이 떨어지자마자 도고 시게노리는 소련 주재 일본 대사인 사토에게 전문을 보냈다. 상황이 심각하니 소련의 태도를 요구하라는(즉, 종전 중재를 확인해달라는) 전문을 날렸다. 그러나 돌아온 건 또 다른 '폭탄'이었다.

원자폭탄이 떨어지고 난 이틀 뒤인 1945년 8월 8일 사토는 소련의 외무장관인 몰로토프로부터 선전포고문을 전달받았다.

"… (상략) … 일본이 항복을 거부함에 따라 연합국은 소련에게 대일전에 참가함으로써 전쟁을 조기에 종결시키고, 더 이상 희생자를 내지 않도록 노력하여 평화를 회복해야 한다고 제안해왔다. … (중략) … 또한 이것이야 말로 일본 국민을 독일 국민이 받은 것과 같은 철저한 위험과 파괴로부터 회피시킬 수 있는 유일한 수단이라고 생각한다. 이상과 같은 입장에 의해 소련 정부는 내일, 즉 8월 9일부터 일본과 전쟁상태에 들어간다는 것을 선언한다."

사토가 선전포고문을 전달받은 시점은 일본 시각으로 1945년 8월 9일 자정이었다. 소련은 선전포고 직후 물밀듯이 만주로 밀려들어왔다. '어린 아이 팔목 비틀기'라고 해야 할까? 1939년 할힐골 전투에서도 판판히 깨졌던 일본군이었다. 그러나 이 때는 4년간의 독소전을 통해 기동전과 기갑전투의 기초부터 완성까지 마스터한 소련군을 상대해야 했다.

하루 이틀 준비한 전쟁이 아니었다. 스탈린은 철저하게 전쟁을 준비했다. 당시 관동군의 전력은 그래도 75만 명이나 됐다. 그러나 준비상태와 장비 수준은 열약劣弱하기 그지없었다. 당시 소련군과 관동군의 전력 차이는 비교 자체가 무의미할 정도였다. 병력, 탱크, 항공기, 대포 등의 수(질적인 비교는 논외

나가사키에 투하된 원자폭탄에서 피어오르고 있는 버섯구름

로 치더라도)는 작게는 두 배, 많게는 네 배 이상 차이가 났다. 스탈린은 150여만 명의 병력을 동원해 관동군을 유린했다. 일주일 만에 거의 1000킬로미터를 주파할 정도의 엄청난 속도로 관동군을 몰아붙였다. 그러나 악몽은 여기서 끝나지 않았다. 사토가 소련의 선전포고문을 받고 몇 시간 뒤 나가사키에 두 번째 원자폭탄이 떨어졌다.

14

덴노의 결단

첫 번째 원자폭탄이 히로시마에 떨어졌던 1945년 8월 6일의 경우 일본은 반응을 보일 수 없었다. 이건 이해할 수 있다. 압도적인 파괴력을 자랑하는 미지의 '신무기' 앞에 우선은 상황 파악을 해야 했으니까. 트루먼 대통령 역시 16시간 후에 원자폭탄 투하에 대한 성명을 발표하지 않았던가. 그렇다면 1945년 8월 7일이나 늦어도 8월 8일까지는 입장을 정해야 했다. 즉, 포츠담 선언을 받아들여야 했다. 그러나 일본이 항복 선언을 한 날은 1945년 8월 15일이다. 8월 8일에만 항복 성명을 발표했다면 두 번째 원자폭탄이 나가사키에 투하되는 일은 없었다. 아울러 소련군의 참전도 없었다. 일본의 전쟁지도부는 이 절박한 순간에 뭘 하고 있던 걸까?

8월 6일 히로시마에 원자폭탄이 투하됐다는 소식을 들은 스즈키 총리는 이제까지와는 다른 '결기'를 보여줬다.

"마침내 올 것이 왔다. 이번 내각에서 결말을 지어야 한다."

그렇지만 이건 말뿐이었다. 이틀간 스즈키는 어떠한 구체적인 행동도 보이지 않았다(그 뒤의 행동은 중요치 않다. 두 번째 원폭, 소련 침공 후의 항복은 아무 의미가 없었다). 원자폭탄 투하 직후 히로히토 덴노와 내각의 다른 구성원들은 육군과 외무장관 도고 시게노리를 통해 이 폭탄의 '성격'과 '파괴력'에 대한 설명을 듣는다. 설명을 들은 이들은 그야말로 망연자실茫然自失. 이들은 종전에 관한 말을 꺼낼 엄두조차 내지 못했다. 아니, 그럴 경황이 없었다. 여기까지는 이해의 범주 안이다.

그러나 트루먼의 성명 발표 이후에는 가부간의 판단을 내렸어야 했다. 일본 정부는 움직이지 않았다. 그들이 움직임을 보인 건 원자폭탄 투하 후 48시간이 지난 8월 8일이었다.

당시 전쟁지도부들 중에서 가장 '상식적'이었던 도고 시게노리 외무장관이 히로히토 덴노에게 포츠담 선언을 수용해야 한다고 권유했다. 벙커 안에서 망연자실해 하고 있던 히로히토는 그제야 결심이 섰다는 듯 기도 고이치에게 자신의 '안전'

에 대해서는 더 이상 신경 쓰지 말라고 주문했다. 그러고는 도고에게 전쟁의 종결을 지시했다.

"전쟁은 이제 끝났다. 그런 종류의 무기가 사용된 이상 전쟁을 계속하는 것은 불가능하다. 유리한 조건을 이끌어내려고 전쟁 종결의 기회를 놓치는 것은 좋지 않다. 가능한 한 조속히 전쟁을 끝내기 위한 조치를 취하도록 하라."

덴노가 결심했으니 전쟁은 끝난 거라고 생각할 수 있다. 그러나 일본은 그렇게 '쉬운' 나라가 아니었다. 8월 9일 10시 30분, 최고전쟁지도회의가 열렸다. 일본의 운명을 결정지을 6명이 모였다. 당시 이 6명의 면면을 살펴보면 총리 스즈키 칸타로, 외무장관 도고 시게노리, 육군장관 아나미 고레치카, 해군장관 요나이 미츠마사米內 光政, 육군 참모총장 우메즈 요시지로梅津美治郎, 해군 참모총장 도요다 소에무豊田副武였다.

6인 회의라고도 불린 최고전쟁지도회의는 도조 히데키가 실각한 직후인 1944년 8월에 발족했는데, 이는 천황의 전쟁 자문기구인 군사참의관회의軍事參議官會議가 모태가 됐다. 이들은 도조가 물러난 뒤 실질적으로 전쟁을 진두지휘했다. 이들이 등장한 시점을 보면 알겠지만 이미 미국에게 승기를 빼앗긴 상태였다. 최악의 조건에서 전쟁을 떠안은 그들이었기에 겉으론 결사항전을 말했지만 속내를 보자면 미국으로부터 좀 더 좋은 항복 조건을 얻어낼 방안을 찾기에 급급했다. 그 결과가 바로 '소련'이었다(국제정세 파악과 그 해석의 중요성을 보여주는 적확한 예라 할 수 있겠다). 그러나 원자폭탄이 떨어진 상황에서 더 이상의 전쟁은 무의미했다. 포문을 연 건 요나이 해군장관이었다. 이전부터 종전을 강하게 주장했던 그는 마지막 순간에도 냉정함을 유지했다.

"이제 항복하여 일본을 구할 것인가, 아니면 죽기살기로 계속 싸울 것인가를 결정해야 할 시점이 되었다. 패전의 분함이나 희망적인 관측은 그만두자. 현실에 입각하여 냉정하고 합리적인 판단을 내려야 한다."

정론이다. 이제 더 이상의 수사는 필요 없다. 전쟁을 결정할지 말지를 결정해야 한다. 시간을 더 끌수록 일본의 '멸망'을 재촉할 뿐이었다. 요나이는 한결같이 종전을 말했고, 참석자의 대부분은 그의 의견에 동의했다. 문제는 육군장관 아나미였다.

"이제는 적이 황실의 안태安泰를 내세워도 우리는 무조건 항복을 수용할 수 없는 입장이다. … (중략) … 원자폭탄이 투하되고 소련이 참전한 마당에 승산은 희박하다. 그러나 일본 민족의 명예를 위하여 계속 싸우다 보면 어떻게든 기회가 올 것이다. … (중략) … 죽음으로써 활로를 찾는 전법으로 나간다면 완패하지는 않는다. 오히려 전국을 호전시킬 공산도 있다."

이 정도면 단순한 망상이 아니라 어떠한 신념이 느껴질 정도다. 역사는 아나미의 신념을 비웃었다. 아니, 미국이 비웃었다고 해야 할까? 아나미가 한창 결사항전을 말하던 그때 미국은 나가사키에 두 번째 원자폭탄이 떨어뜨렸다. 회의는 휴정됐고, 오후에 다시 속개된 회의에서도 아나미는 결사항전의 뜻을 굽히지 않았다. 그날 하루 나가사키에서만 사망자가 7만 명(통계에 따라 다르다)이었음에도 아나미는 계속해서 결사항전을 말했다.

최고전쟁지도회의는 결론 없이 끝났고, 결국 그날 밤 11시 40분에 어전회의로 이어졌다. 이 어전회의의 주제는 도고 시게노리가 내놓은 '종전 안(갑안)'과 아나미 고레치카가 내놓은

'조건부 종전 안(을안)'을 놓고 선택을 하는 자리였다.

먼저 도고 시게노리의 갑안은 '일본의 국체유지를 조건으로 포츠담 선언을 수락한다'라는 단순한 내용이다. 말 그대로 포츠담 선언을 받아들인다는 의미였다. 문제는 아나미가 내놓은 을안이었다. 여기에는 꽤 긴 '꼬리표'가 붙어 있었다.

첫째, 국체유지는 물론이고 그 외에 점령지역을 최소 범위로 할 것
둘째, 무장해제를 일본에게 맡길 것
셋째, 전범처리도 일본 측에 일임할 것

종전 안이라고 보기에는 너무 고압적이지 않은가? 아니, 포츠담 선언을 거부한다고 봐도 무방할 정도로 무리한 요구였다. 아나미는 이 조건이 받아들여지지 않으면 계속 전쟁을 해야 한다고 주장했다.

"우리는 적의 본토 상륙을 기다렸다가 일대 타격을 가한 뒤 호조건을 가지고 평화 교섭에 임해야 한다."

믿기지 않을 정도의 발언이다. 이날 오전에 나가사키에 원자폭탄이 떨어졌다는 걸 아나미는 잊고 있던 걸까? 문제는 이런 아나미의 주장에 육군 참모총장 우메즈와 해군 참모총장 도요다가 찬성 의사를 보였다는 사실이다. 이들은 일본 국민 모두를 죽음으로 몰아갈 작정이었던 걸까?

그나마 다행인 건 당시 일본에도 조금은 상식 있는 인물이 있었다는 점이다. 어전회의 직전, 요나이 해군장관은 아나미가 이렇게 나올 걸 예상하고 스즈키 총리에게 '묘수'를 하나 일러주었다.

"결코 다수결로 결정을 내려서는 안 됩니다. 덴노의 의견을 들어야 합니다. 그리고 나서 덴노의 성단聖斷에 따라 회의의 결론을 내려야 합니다."

스즈키는 요나이의 말에 따라 덴노에게 성단을 요구했다. 이윽고 4년 전쟁의 마지막을 결정하기 위해 히로히토 덴노가 입을 열었다.

"그러면 나의 의견을 밝히겠다. 나는 외무장관의 의견에 찬성한다. 대동아전쟁이 시작된 이래 육해군이 밝힌 계획과 현재의 결과는 다르지 않은가. 지금도 육해군은 승산이 있다고 하지만 나는 걱정이 앞선다. 얼마 전 참모총장으로부터 해안선 방비에 대한 보고를 듣고 시종무관을 현지에 보내 그에 대하여 조사하도록 했다. 시종무관이 조사한 바는 참모총장의 보고 내용과 달랐다. 방비는 되어 있지 않았다. 참모총장은 사단장비가 완비되어 있다고 했으나 병사들에게는 총검도 지급되어 있지 않았다.

  이런 상태에서 본토결전에 돌입한다면 어떻게 되겠는가. 심히 걱정되는 바이다. 일본 민족이 모두 죽어버리는 상황이 올 수도 있다고 생각한다. 그러면 어떻게 일본이라는 국가를 자손들에게 물려주겠는가. 나의 임무는 선조로부터 물려받은 나라를 자손들에게 전하는 것이다. 이제는 한 명이라도 더 살아남게 하여 그들이 장래에 다시 일어서서 이 나라를 자손들에게 물려주도록 하는 수밖에 없다. 그리고 이대로 전쟁을 계속하는 것은 세계 인류에게도 불행한 일이다.

  물론 충용한 군대의 무장해제나 전쟁 책임자의 처벌은 견디기 힘들 것이다. 그러나 지금은 그러한 고통을 참아야 할 시기다. 나는 3국 간섭 때 메이지 덴노의 심경을 헤아리고 있다. 나는 어떻게 되든 상관없다. 참으로 힘든 일이지만 나는 전쟁을 중단하기로 결심했다."

늦었지만 덴노의 결단이 내려졌다. 1941년 12월 8일에 시작된 태평양전쟁이 끝나는 순간이었다.

15

종전으로 가는 길

덴노의 결단으로 군부의 반발은 일단 제압할 수 있었다. 하지만 육군장관 아나미 고레치카의 마음을 달랠 수는 없었다. 아나미가 스즈키 총리를 붙잡았다.

"만약 미국이 덴노의 대권大權을 인정하지 않는다면 전쟁을 계속할 것인가?"

스즈키 총리는 고개를 끄덕였다.

"그렇다면 전쟁을 계속할 것이다."

종전을 부르짖던 요나이 미츠마사 해군장관도 이에 동의했다. 당시 '덴노'에 대한 일본인의 관점이 어떤지를 단적으로 보여주는 대목이다. 종전에 대한 결론은 났다. 이제 남은 건 이를 선포하는 일이었다.

아직 끝나지 않은 전쟁

사람들에게 잘 알려지지 않았지만 히로시마에 원자폭탄이 투하된 다음 일본은 스위스를 통해 미국에 항의문을 보냈다. 무고한 민간인을 학살한 전쟁 범죄라는 게 일본 측의 논리였다. 항의문의 내용을 살펴보면 태평양전쟁 기간 동안 잔혹한 전쟁 범죄를 저질렀던 이들이 맞는가라는 의구심마저 든다. 내가 하면 로맨스고, 남이 하면 불륜인건가?

"… 미국이 이번에 사용한 폭탄은 그 성능의 무차별성 및 잔학성에 있어 종래 그러한 성능 때문에 사용이 금지된 독가스 및 기타 병기를 훨씬 능가하는 것이다. 미국은 국제법 및 인도의 근본 원칙을 무시하여 이미 광범위하게 제국의 여러 도시에 무차별 폭격을 실시함으로써 다수의 노약자와 부녀

자를 살상하고 신사, 불각, 학교, 병원, 일반 민가 등을 파괴 또는 소실 시켰다. … (중략) … 제국 정부는 스스로의 이름으로 그리고 전 인류 및 문명의 이름으로 미국 정부를 규탄함과 동시에 즉시 이러한 비인도적인 병기의 사용을 포기할 것을 엄중하게 요구한다."

코미디라고 해야 할까? 중일전쟁 초반 난징南京에서 자행한 대학살 한 건만으로도 30만 명의 무고한 민간인을 죽인 게 일본이다. 그런 그들이 원자폭탄을 비인도적인 병기라 말하며 인류 및 문명의 이름을 언급했으니 말이다. 전후 일본 학계와 세계의 인권주의자들은 원자폭탄 투하에 대해 인종주의와 미국의 야만성을 말하지만 당시의 사회 분위기, 일본의 결사항전 의지, 몇 번의 기회를 무시한 일본 외교의 패착을 살펴보면 원자폭탄 투하는 당연한 결정이라고 볼 수 있다.

일본은 몇 번이나 주어진 기회를 그때마다 걷어찼다. 1944년 7월 사이판이 미국의 손에 떨어지면서 일본의 패전은 이미 결정이 났다. 반대로 말하면 1944년 7월부터 일본은 종전의 기회를 손에 쥐고 있었다는 의미다. 화평파의 움직임이 본격화된 것도 이때부터였다. 그러나 일본은 그 기회를 살리지 못했다. 몇 번이나 주저했고 강경파의 압박에 못 이겨 그들이 말하는 '결사항전' 분위기에 휩쓸렸다. 결국 맞지 않아도 될 원자폭탄을 맞고 나서야 전쟁을 끝낼 수 있었다(원자폭탄 사용이 '비인도적인 행위'라고 말하는 이들이 근거로 제시하는 것이 1945년 8월이면 전쟁이 이미 끝난 상황이라 조금만 더 기다리면 됐다는 논리인데, 이건 지금의 관점으로 과거를 보는 실수다. 당시 전 세계는 최소한 1946년 여름까지는 전쟁이 계속 이어질 거라고 판단했다. 그 기간 동안 소모될 군비와 병사들의 목숨은 어떻게 설명해야 할까? 포위한 상태로 압박을 가하면 되지 않느냐는 의견도 있는데, 이 경우에도 병력과 물자는 투입된다. 인종주의와 야만성을 말하기엔 당시 상황이 그리 여유 있었다고 말하기 어렵다).

  1945년 8월 10일 일본 정부는 포츠담 선언 수락문을 발표한다. 수락문 전문은 다음과 같다.

"제국 정부는 전쟁의 참화로부터 인류를 구하기 위하여 즉시 평화를 이루려는 덴노 폐하의 염원에 따라 중립관계에 있는 소련 정부에 대동아전쟁 종료의 알선을 의뢰했다. 그러나 불행하게도 제국 정부의 평화를 위한 노력은 결실을 보지 못했다. 이에 제국 정부는 덴노 폐하의 평화에 대한 염원에 따라 즉시 전쟁의 참화를 제거하고 평화를 이룰 수 있도록 다음과 같이 결정했다.

제국 정부는 1945년 7월 26일 미, 영, 중 3국 정상에 의해 공동으로 결정·발표되고 그 후 소련이 참가한 우리나라에 대한 공동 선언의 제 조건 중에 덴노의 국가통치 대권을 변경해야 한다는 요구가 포함되어 있지 않다는 것을 양해하여 이를 수락한다. 미국 정부는 이러한 양해를 제국 정부가 받아들인다는 명확한 의지를 신속히 표명해주기를 갈망한다.

제국 정부는 스위스 및 스웨덴 정부에 대하여 신속하게 이러한 뜻을 미국 및 중국 정부, 영국 및 소련 정부에게 전달해주도록 요청하는 영광을 갖는 바이다."

항복하는 그 순간까지 '천황제 유지'에 대한 고집을 확인할 수 있다.

8월 11일 미국의 국무장관 번즈James F. Byrnes가 성명을 발표한다. 일본의 수락문에 대한 공식적인 회신이었다.

"덴노의 국가통치 대권에 대한 변경 요구가 포츠담 선언에 포함되지 않았다는 양해를 명기한 일본 정부의 통보에 대하

제임스 번즈

여 우리는 다음과 같은 입장을 밝힌다.

항복의 순간부터 덴노 및 일본 정부의 국가통치 권한은 항복 조항의 실시를 위하여 필요하다고 인정되는 조치를 취하는 연합군 최고사령관의 제한 하에 놓인다.

덴노는 일본 정부 및 일본 제국 대본영에 대하여 포츠담 선언의 제 조항을 실시하기 위하여 필요한 항복 조항 서명의 권한을 부여하고 또 이를 보장하도록 해야 한다.

덴노는 모든 일본 육해공군 관헌 및 그 지휘 아래에 있는 군대에 대하여 전투 행위를 중지하고 무기를 인도하여 항복 조항을 실시하도록 최고사령관이 요구하는 명령을 발해야 한다.

 일본 정부는 항복 후 곧 포로 및 억류자를 연합군 선박에 신속하게 승선시켜 안전한 지역으로 이송해야 한다.

 최종적인 일본의 정부 형태는 포츠담 선언에 따라 일본 국민이 자유롭게 표명하는 의사에 의해 결정하는 것으로 한다. 연합국의 군대는 포츠담 선언의 제 목적이 실현될 때까지 일본 국내에 주둔한다."

 번즈의 성명은 일본 시간으로 1945년 8월 12일 오전 1시에 일본 외무성 및 동맹 통신, 육해군의 해외방송 수신소에서 청취되었다. 이제 공식적으로 전쟁이 끝나려 하고 있었다. 그러나 마지막 순간까지 일본 군부는 미련을 버리지 못했다.

 번즈의 회신을 받아든 육군 참모총장 우메즈와 해군 참모총장 도요다가 12일 오전 덴노를 찾아가 포츠담 선언 수락을 번복해줄 것을 간청했다. 연합국이 덴노의 대권을 빼앗으려 한다는 이유였다.

 '연합군 최고사령관의 제한 하에 놓인다'란 문구 때문이었다. 이 문구는 외교성의 의역이 들어간 문장이었다. '제한 하에 놓인다'의 원문은 '최고사령관에게 종속된다 subject to'였다.

더 논란이 됐던 건 '최종적인 일본의 정부 형태the ultimate from of the govemment of japan'라는 문장이었는데 이 역시도 외교성의 의역이 들어갔다. 'from of the govemment'는 정치체제로 보는 것이 보다 정확한 표현일 것이다.

덴노를 최고사령관에게 종속시키고 일본의 정치체제를 선택하게 한다는 건 천황제를 없애고 궁극적으로 일본을 미국의 속국으로 삼겠다는 의도라는 게 군부의 주장이었다. 그러나 이미 덴노는 모든 걸 결심한 모습이었다.

"미국이 천황의 통치를 인정하더라도 국민이 등을 돌린다면 어쩔 수 없는 일이다."

뒤이어 열린 각료회의에서 육군장관 아나미를 비롯한 군부 강경파들은 번즈의 회신이 마음에 들지 않는다며 국체호지 문제를 들고 나왔다. 결국 이들은 정식 회신문이 들어오면 그때 다시 논의하자며 결론을 뒤로 미뤘다. 그러나 연합국의 정식 회답문은 번즈의 성명과 똑같았다.

8월 13일이 되자 일본 정부는 다시 바빠지기 시작했다. 최고전쟁지도회의와 각료회의가 열렸지만 회의는 난장판이었다. 강경파와 온건파가 번즈의 회신을 어떻게 받아들여야 할지를 놓고 싸웠다. 이 와중에 군부의 젊은 장교들은 아나미를 찾아가 쿠데타 계획을 제시하고 쿠데타에 동참해줄 것을 요구하기도 했다. 다행인 점은 아나미가 강경파이긴 하지만 생각이 아예 없는 인물은 아니었다는 것이다. 아나미는 이들을 돌려보냈다.

일촉즉발의 위기 상황에 기름까지 부은 건 미국이었다. 8월 13일 저녁, 미국은 일본이 포츠담 선언을 수락한다는 수락문과 번즈 국무장관의 회신문을 인쇄해 비행기로 살포했다. 일대 혼란이 벌어졌다. 당시 일본의 언론은 군부의 통제 하에 있었다. 군부는 국민의 사기를 떨어뜨리는 일체의 보도를 허가하지 않았다. 원자폭탄 투하 소식은 물론 포츠담 선언 수락에 관한 보도도 일체 금지돼 있었다. 이런 상황에서 뿌려진 미국의 전단은 일본 군인과 민간인들에게 엄청난 혼란을 안겨주었다.

정상적인 상황 파악을 한 건 덴노의 최측근인 기도 고이치였다. 그는 미군이 뿌린 전단을 들고 황급히 덴노를 찾아갔다.

"이대로 아무 조치를 취하지 않으면 군부를 자극할 수 있습니다. 흥분한 군부가 어떤 사단을 일으킬지 모릅니다. 조속히 종전 절차를 진행해서 혼란을 최소화하도록 해야 합니다."

덴노는 기도의 의견에 동의했다. 곧이어 마지막 어전회의가 열렸다. 이 어전회의에서도 아나미를 비롯한 군부 강경파는 항복 조건을 확인하고 여의치 않으면 전쟁을 계속 이어나가야 한다는 강경 발언을 쏟아냈다. 이들을 막을 수 있는 건 오직 덴노뿐이었다.

"전쟁을 계속하면 결국 국토는 초토화될 것이다. 국민에게 고통을 주는 것은 더 이상 참기 힘든 일이다. 회답문을 전폭적으로 신뢰할 수야 없겠지만 조금이라도 일본이 부흥할 수 있는 여지가 있다면 그것으로 충분하다고 생각한다."

덴노가 종전을 확실히 인정했다. 강경파들도 더 이상 버틸 수 없었다. 일본의 항복은 결정됐다. 이제 남은 건 혼란을 최소화하는 일이었다. 어전회의에 이어 각료회의가 열렸고 여기서 종전의 칙서勅書가 완성됐다. 덴노가 직접 국민에게 칙서를 읽는 것으로 전쟁을 끝내자는 결론이 났고, 14일 오후 궁중에서 녹음을 하고 다음 날 방송하는 것으로 의견이 모아졌다. 겨우 전쟁의 끝이 보이기 시작했다.

16

옥음방송

옥음방송에서 옥음玉音은 '왕의 목소리'란 뜻이다. 즉, 덴노가 직접 방송으로 목소리를 들려준다는 말이다. 히로히토 덴노가 1945년 8월 15일 〈대동아전쟁 종결의 조서〉를 읽은 라디오 방송을 '옥음방송'이라고 한다.

한마디로 덴노의 '항복 문서 낭독'이라고 보면 되는데 당시로선 파격 그 자체였다. 덴노의 목소리가 전파를 타는 일이 아예 없었던 건 아니지만 기본적으로 덴노의 목소리를 방송하는 일은 아주 특별한 경우가 아니면 불가능했다(동일본 대지진과 같은 국가 대재난이 벌어져야 겨우 목소리를 들을 수 있었다).

왜 그랬던 걸까? 간단하다. 일본이 '왕조국가'였기 때문이다. 구름 위의 존재인 '덴노'의 목소리를 일반인이 쉽게 듣는다면 그 권위가 어떻게 될까? 전제왕조국가에서는 '왕'의 권위를 유지하고 확보하기 위해 수많은 전통을 만들어내고 불편한 격식들을 강요한다. 하지만 따지고 보면 똑같은 사람이지 않은가? 왕후장상의 씨가 따로 있을까?

그렇다면 그동안 덴노의 지시들은 어떻게 전달되었을까? 바로 아랫사람을 통해서다. 덴노가 시종이나 대신들에게 말하고 이를 다시 평민에게 전달한다. 이러한 이유 때문에 덴노의 목소리를 '직접' 듣는 것 자체가 특권이 됐다. 옥음방송이 얼마나 예외적인 상황이었는지 이해할 수 있을 것이다(하긴 항복하는 상황이니 방송을 할 만하다).

방송 녹음 막전막후

한 국가의 패망 앞에서 '다사다난多事多難'이란 말이 너무 가벼운 표현일 수도 있겠지만 히로히토가 항복을 최종적으로 결정했음에도 군부는 이에 동의할 만한 '기분'이 아니었다. 이 때문에 크고 작은 충돌이 많았고, 옥음방송을 녹음을 담당한 NHK의 기술진들은 7시간 넘게 대기하고 있어야 했다. 그래도 여기까지는 '애교'로 봐줄만 했다.

군부 소장과 장교들이 궁을 포위해 NHK 직원들을 납치하려 했다. 실제로 이들은 NHK 직원들을 체포했지만 녹음 레코드를 찾지는 못했다. 당시 녹음된 네 개의 레코드는 황궁의 시종이던 도쿠가와 요시히로의 재치 덕분에 궁내성 사무실 금고에 보관되었다(도쿠가와는 공습 대상지역의 중심부에 있던 NHK보다 황궁이 안전할 거라며 궁내에 보관하라고 말했다).

옥음방송 전후의 '사건'들을 정리해보면, 크게 두 가지로 나눌 수 있다.

첫째, 항복 선언문 작성
둘째, 방송을 물리적으로 막으려는 사건

우선 항복 선언문 작성에 관한 부분을 먼저 살펴보면 1945년 8월 14일 어전회의를 통해 최종적으로 '항복'이 결정됐고 그 날 오후 각료회의에서 항복 선언문 초안이 작성됐다. 또한 동시에 녹음을 위해 NHK 기술진이 황궁에 도착했다(당시 NHK 직원들을 데리러 황궁에서 차가 왔는데 이때가 오후 2시였다).

이제 항복 선언문이 완성되면 덴노가 녹음만 하면 됐다. 문제는 항복 선언문 작성 과정에서 예기치 않았던(예상했던 범위를 넘어선) 돌발변수들이 튀어나왔다. 항복 문서를 작성하던 총리 보좌관들과 아나미가 설전을 벌였다. 문장 하나 때문이었다.

"전황은 하루하루 우리 일본에게 불리하게 전개되고 있습니다."

이 문장을 보고 아나미가 분노했다. 이게 진실이라면 그동안 육군장관 명의로 발표된 성명서들은 모두 거짓말이 된다는 논리다(그동안 일본 군부의 '거짓말'은 사실이다).

"우리는 아직 패전하지 않았다!"

아나미의 주장에 아무도 대답할 수 없었다. 결국 몇 시간의 토론 끝에 문장이 다음과 같이 수정됐다.

"전시 상황이 일본에 유리하게 전개되지 못하고 있다."

그 사이 황궁의 히로히토는 시종장에게 항복 선언문이 출발

했는지를 재촉했지만 마지막까지 아나미는 자신의 뜻을 굽히지 않았다. 결국 모두가 동의하는 항복 선언문은 8월 14일 오후 7시 30분이 돼서야 작성됐다(그 사이 스즈키 수상은 히로히토를 찾아가 항복 선언문이 아직 완성되지 않았다고 사과해야 했다).

급하게 작성된 항복 선언문은 곧장 황궁으로 전달됐지만 아무렇게나 쓴 항복 문서를 그대로 덴노에게 건넬 수는 없었기에 이를 깨끗하게 정서正書하는 데 또 시간을 잡아먹었다. 이 문서를 받아본 히로히토는 황궁 도서관에서 문제가 됐던 문장을 또 고쳤다. 여기에 시종장의 참견이 더해졌다. 원자폭탄 투하에 관한 문장이 잘못됐다며 다시 정정했다. 드디어 항복 선언문이 완성됐다(바로 녹음에 들어가야 했기에 정서하는 건 포기했다). 오후 3시부터 대기하고 있던 NHK 녹음팀은 밤 10시가 되어서야 녹음 준비에 들어갈 수 있었다.

여담이지만, NHK 녹음팀은 NG를 대비해 60분치 녹음 레코드를 준비했다. 실제로 녹음은 두 번에 걸쳐 이루어졌다. 히로히토는 첫 번째 녹음 후 녹음을 다시 해야 하는지 녹음팀에게 물었다. 당시 방송팀은 말문을 쉽게 열 수 없었다. 지금도 그렇지만 덴노의 목소리를 녹음한다는 건 경을 칠 행위였다. 그런데 다시 한번 녹음하자는 말을 할 수 있었을까?

NHK녹음팀은 덴노의 목소리를 들어본 적도 없고 덴노의 목소리를 녹음한다는 긴장감 때문에 방송 내용이나 낭독의 정확성 등에 대해서는 아예 생각을 하지 못했다. 그저 목소리의 높낮이에만 신경을 썼다. 이때 시모무라 히로시下村宏 정보국 총재가 "평소 하시던 대로"라고 말했고 덴노는 두 번째 녹음을 했다. 그러나 두 번째 녹음에서 덴노가 단어를 잘못 발음한 게 있어서 결국 첫 번째 녹음본을 사용했다.

두 번째로 방송을 물리적으로 막으려는 사건은 간단히 말해 '쿠데타'였다. 여기서 주목해야 하는 게 당시 육군장관이던 아나미의 행동이다. 아나미는 항복이 결정되고 난 뒤 짧은 성명서 하나를 작성했다.

"모든 황군은 한 치의 착오도 없이 덴노 폐하의 결단에 따를 것이다."

항복에 반대했지만 그는 덴노의 충실한 신하였다. 덴노의 뜻에 반하는 군의 '집단 행동'은 명백히 반대한다는 말이었다. 그는 성명서를 작성한 다음 육군성 내의 모든 중견 관리와 장교들의 서명까지 다 받아냈다. 그런 다음 마지막 한마디를 남긴다.

"장교 제군 여러분! 죽음으로써 모든 책임을 면한다고 생각해서는 안 됩니다. 제군들의 의무는 풀뿌리를 씹고, 흙을 파먹고, 하늘을 이불 삼아 눕는 한이 있더라도 살아남아 조국이 회생의 길로 나아갈 수 있도록 새로운 길을 닦는 것입니다."

장교들은 이때 직감적으로 그가 할복할 것을 예감했다. 아나미가 할복할 것이란 건 공공연한 비밀이었다. 스즈키 총리 역시 이를 예감하고 있었다. 덴노가 녹음 준비를 하던 그때 아나미가 총리 사무실로 찾아와 수마트라산 시가를 건넸다.

"저는 담배를 피우지 않습니다. 수상께서 가져야 할 것 같습니다."

그런 다음 공손히 인사를 했다.

"육군장관이 영원한 작별 인사를 하러 온 것 같다."

이때 스즈키는 그의 죽음을 느꼈다. 아나미는 죽음으로써 책임을 지려 했다. 아나미가 마지막 순간까지 육군장관으로서 해야 할 일을 다했다는 점은 주목해야 할 부분이다. 그는 장교들에게 재삼재사 당부했다.

"무사도에 따라 할복하겠다는 생각은 버려라. 끝까지 살아남아라!"

자신은 책임자의 자리에 있었기에 죽음으로 그 책임을 다하겠지만 부하들은 살아남아 조국의 부흥에 기여하라는 말이었다. 동시에 일부 소장파 장교들의 '쿠데타'를 방지하는 데 온 힘을 다했다. 하타나카 겐지畑中健二 소좌를 비롯한 소장파 장교들은 아나미를 찾아가 항복의 결사반대 의견을 전하고 비상시에 병력 동원 계획을 요구했다. 병력 동원 계획이란 쿠데타의 다른 말이었다. 이들의 계획은 단순했다.

종전을 주장하는 스즈키 칸타로, 기도 고이치, 요나이 미츠마사, 도고 시게노리 등을 처형하고 끝까지 미국에 맞서 싸우자는 것이었다. 아나미는 우선 육군 참모총장인 우메즈의 동의를 구하라고 이들을 돌려보냈다. 쿠데타로 보기엔 너무도 어설펐다. 이들 소장파 장교들은 덴노가 옥음방송을 녹음한다

하타나카 겐지

는 걸 확인하자 근위 1사단 사령부를 찾아가 사단장이던 모리 다케시森赳에게 쿠데타 가담을 요구했다. 모리 사단장이 이를 거부하자 그와 사단 참모를 죽였다. 쿠데타의 시작이었다.

이들의 제일 목표는 옥음방송이 송출되는 걸 막는 일이었기에 일단 NHK를 점거했다(마지막에는 이 안에서 자신들의 성명을 발표하려 했지만 실패하고 만다). 그런 다음 아나미를 비롯한 군 지휘부를 설득해 쿠데타를 이어나갈 계획이었다. 하지만 덴노의 목소리가 담긴 녹음 레코드 확보에 실패한다.

육군장관 아나미가 끝내 자살하고, 군 지휘부는 이들을 진압하려고 나섰다. 즉, 소장파 장교들은 군 지휘부를 더 이상 내세울 수가 없게 됐다. 일본의 마지막 '발악'은 그렇게 끝이 났다. 1945년 8월 15일 정오 히로히토 덴노의 목소리가 방송을 탔다.

짐은 세계의 대세와 제국의 현 상황을 깊이 성찰한 결과, 비상조치로써 시국을 수습하기로 하여 이를 충량忠良한 신민에게 고한다.
짐은 제국 정부가 미, 영, 중, 소 4개국에 대하여 포츠담 선언의 내용을 수락한다는 뜻을 통고하도록 지시했다. 제국 신민의 강녕康寧과 만방의 공영을 위한 노력은 선조들이 우리에게 부여한 성스러운 의무로 우리 가슴에 새겨져 있다. 제국은 자존과 동아시아의 안정을 위하여 영미 양국과 전쟁을 했으나 짐이 뜻한 바와 다르게 타국의 주권과 영토를 침해하게 됐다.
개전한 지 어언 4년이 되는데 육해군의 투혼, 전쟁 종사자들의 근면, 그리고 일억 신민의 최선에도 불구하고 전국은 호전되지 않고 세계의 대세 역시 우리에게 유리하지 않았다. 그에 더하여 적은 새롭고 잔학한 폭탄을 사용하여 유례없는 희생자가 발생했다. 그래도 교전을 계속한다면 결국 우리 민족의 멸망을 초래할 뿐만 아니라 인류 문명의 파괴로 이어질 것이다. 그런 상황이 되면 어떻게 억조億兆의 적자赤子를 보전하고 선조들의 영전에 용서를 구하겠는가. 짐이 제국 정부로 하여금 포츠담 선언을 수락하게 한 것은 그런 이유 때문이다.

짐은 제국과 함께 동아시아의 해방에 협력한 제 맹방에게 유감의 뜻을 표하지 않을 수 없다. 제국 신민으로서 전장에서 전사한 장병들, 직분을 다하다가 순국한 사람들, 비명에 간 사람들과 그 유족들 생각에 주야가 괴롭다. 집과 가족을 잃은 사람들의 고통도 걱정된다.

앞으로 제국이 짊어져야 할 고난도 결코 적지 않다. 짐은 신민이 느끼는 착잡한 심정을 잘 알고 있다. 그렇지만 나는 시대의 소명과 피할 수 없는 운명적 요인을 참고 받아들여 앞으로 다가올 만난을 극복하고 다음 세대에 평화의 길을 열어주고자 한다.

언제나 충량한 신민과 함께 국체를 호지護持해온 짐은 이제 신민의 단결과 성실에 다시 호소한다. 감정의 표출은 불필요한 소요사태를 야기하고 동포들 간의 분규는 혼란을 자초할 수 있다는 점을 명심해야 한다. 자제력을 잃은 행동은 시국을 혼란하게 하여 대도를 그르쳐서 국제적인 불신을 초래할 것이니 짐은 이를 가장 경계한다.

　모든 신민은 먼 장래를 내다보면서 신주神主의 불멸을 믿고 대를 이어 한 가족처럼 결속을 다져야 한다. 미래 건설에 모든 역량을 집중하자. 성실성을 배양하고 고매한 정신을 육성하자. 세계의 진운에 뒤처지지 않게 제국에게 주어진 영광을 고양시키도록 단호한 결의로 매진하자.

　너희 신민은 이러한 짐의 뜻을 명심하여 지키도록 하라.

4년간의 전쟁은 4분 42초만에 끝이 났다.

　당시 일본인들로서는 허탈한 느낌보다는 이해하기 어렵다는 생각이 앞섰을 것이다. 이걸 항복 문서라고 봐야 할까? 이렇게 현대어로 풀어 써서 그렇지 원문 그대로를 보자면 무슨 말을 하는지 한 번에 알아들을 수 없다(실제로 당시 방송을 들었던 많은 일본인은 덴노의 방송 내용을 거의 이해하지 못했다. 일반인이 이해하기 어려운 궁중 용어를 너무 많이 사용한데다가, 잡음마저 섞여서 어떤 말이 무엇을 의미하는지 알기 어려웠다. 그저 전쟁에서 '졌다'는 것만 이해했을 뿐이었다).

　우리가 〈항복 선언문〉이라는 사실을 알고 읽으니 항복 문서로 보이는 것이지, 이 글의 제목을 빼고 읽는다면 이건 '덴노의 변명'이라고 밖에 달리 표현할 말이 없다.

"짐이 뜻한 바와 다르게 타국의 주권과 영토를 침해하게 됐다."
"적은 새롭고 잔학한 폭탄을 사용하여 유례없는 희생자가 발생했다."

침략은 자신의 뜻이 아니다? 종전은 적의 잔학한 폭탄으로 인해 일본인의 무익한 희생을 피하기 위해서다? 일본은 전쟁을 시작할 때처럼 그 끝도 기만과 허위로 가득했다.

17

전후

1945년 9월 2일 동경만에 정박한 미 해군 전함 미주리 Missouri 함상에서 역사적인 항복 조인식이 거행됐다.

연합국을 대표해 연합군 최고사령관 맥아더가 짤막한 연설을 했고, 뒤이어 일본 대표인 시게미츠 마모루가 한쪽 다리를 절뚝이며 걸어왔다.

일본 정부와 일본군을 대표해 시게미츠와 우메즈 요시지로 육군 참모총장이 항복 문서에 사인했다. 뒤이어 연합군 총사령관 자격으로 맥아더가 사인했다. 뒤이어 연합국 대표들이 승전국 자격으로 서명하기 시작했다.

이 모든 절차가 끝나는 데 걸린 시간은 고작 10분 남짓이었다.

항복 문서에 서명하는 시게미츠 마모루

전후

—

전쟁이 끝났다. 그러나 일본에게 '반성의 기회'는 없었다. 전쟁에 졌음에도 달라진 건 없었다. 물론 표면적인 변화는 있었다. GHQ의 주도하에 일본은 민주국가로 차근차근 변신해갔다. 일본 육군성과 해군성이 해체됐고, 화족제도도 폐지됐다. 일본 국민을 감시하고 탄압했던 특별 고등경찰도 폐지됐다.

결정적으로 일본제국헌법이 폐지되고, 일본국헌법日本國憲法, 통칭 평화헌법平和憲法이 새로 만들어졌다. 또한 덴노는 살아남았다. 평화헌법의 제1장은 덴노를 위해 만들어졌다.

"덴노는 일본국의 상징으로 일본 국민 통합의 상징이며, 이 지위는 주권이 존재하는 일본 국민의 총의에 기초한다."

평화헌법의 제1장 1조다. 그는 상징으로 남게 됐다.

"대일본제국은 만세일계의 덴노가 이를 통치한다."

일본제국헌법의 제1장 1조의 시작과 비교하면 천양지차天壤之差지만, 어쨌든 덴노는 살아남았다. 그리고 시작되는 평화헌법 제2장은 다음과 같다.

"일본국 국민은 정의와 질서를 기초로 하는 국제평화를 성실하게 희구하고, 국권의 발동에 의한 전쟁과 무력의 위협 또는 무력의 행사를 국제분쟁을 해결하는 수단으로써 영구히 포기한다."

9조 1항으로 일본은 영원히 전쟁을 할 수 없는 국가가 됐다. 그리고 이를 실현하기 위해 9조 2항이 따라붙었다.

"전항의 목적을 이루기 위해 육해공군 기타의 전력은 보유하지 않는다. 국가의 교전권은 인정하지 않는다."

일본은 군대를 만들 수 없게 됐다. 엄밀히 말하자면 일본의 자위대는 '국가 공무원'이지 '군인'이 아니다. 덴노에 관한 내용을 제외한다면 헌법의 첫 장을 '전쟁 금지'로 시작했다. 그래서 '평화헌법'이다. 전쟁을 하지 못하는 국가가 됐지만 어쨌든 일본은 살아남았다.

이제 일본에는 언론의 자유도 노조활동의 자유도 생겼고 자유롭게 선거도 할 수 있게 됐다. 그 악명 높은 치안유지법治安維持法도 폐지됐다. 해방된 지 70년이 넘었지만, 우리 땅에는 아직 '국가보안법'이란 이름으로 치안유지법이 살아 있지만 일본은 전후 이 악법을 폐지했다(GHQ가 폐지했다고 보는 게 맞겠지만 말이다).

그러나 전쟁에 대한 반성은 없었다. 1937년 중일전쟁부터 시작한다면 8년간의 전쟁이었다. 이 기간 동안 중국에서만 최

평화헌법에 서명하는 히로히토

소 1200만 명이 죽었다(통계에 따라 다르지만 3500만 명의 희생자를 냈다는 연구도 있다). 뒤이어 프랑스령 인도차이나, 영국령 버마, 네덜란드령 동인도, 영국령 싱가포르 등 대동아공영권이란 이름으로 휩쓴 식민지에서 죽인 사람의 수를 다 더하면 유럽 전선에서 히틀러가 죽인 사람의 수와 버금가거나 더 많을 수 있다.

독일의 경우는 조직적인 학살을 뜻하는 홀로코스트Holocaust로 계획적이고 체계적인 학살이었지만, 일본은 이런 홀로코스트가 없었다. 즉, 전쟁이 일어나는 전선前線이나 점령지에서 당연하게 살인과 강간, 약탈을 자행했다는 의미이다. 태평양

전쟁 당시 구 일본제국군은 이런 전쟁 범죄행위가 '상식'이었다. 그렇기에 독일과 같은 전쟁 범죄 기록이 거의 없다. 그들은 그저 자신의 방식대로 전쟁을 치른 것이었다.

중세시대 사무라이에게 총과 대포, 전투기를 쥐어주고 전쟁터에 내보낸 것이나 다름없었다. 그렇기에 그들은 아무런 거리낌 없이 적은 죽이고, 적의 여자는 강간하고, 부족하면 약탈을 하면 됐다. 그게 그들의 상식이었다. 죄의식이 없었기에 그들 스스로가 이게 '범죄행위'임을 인지하지 못했다. 그래서 더 무서운 거다. 더 놀라운 사실은 이러한 전쟁 범죄 기록을 알고 있는 이가 극히 드물다는 점이다.

2차 세계 대전에 관한 영화를 만들 때마다 할리우드의 유태인 자본이 총동원돼 홀로코스트를 말한다. 그러나 태평양전쟁 당시 일본인이 자행한 전쟁 범죄에 대해서는 흐릿한 기억밖에 없다. 왜 그럴까? 여러 가지 이유가 있겠지만 결국 원점으로 돌아가면 바로 '국제정치' 때문이다.

태평양전쟁 당시 일본인의 전쟁 범죄를 말해야 할 시기에 국제정세는 다시 요동쳤다. 중국에서는 국공내전이 터졌고, 뒤이어 한국전쟁이 터졌다. 그리고 얼마 뒤 다시 베트남전쟁이 터졌다. 동서냉전이 시작되면서 일본은 미국의 적에서 태평양을 틀어막은 '불침항모'로 변신했다. 실제로 일본은 냉전 시대 내내 소련의 태평양 진출을 틀어막는 '마개' 역할에 충실했다.

그럼 3000만 명(통계에 따라 다르지만)을 훌쩍 뛰어넘는 희생자들을 생산해낸 일본의 사과는 무엇이었을까?

1946년 5월 3일 극동국제군사재판極東国際軍事裁判, 즉 전범 재판이 시작됐다. 약 2년 반에 걸쳐 이어진 재판의 결과 28명이 기소되어 25명이 실형을 받았다(재판 중 사망 2명, 소추 면제 1명). 이 가운데 사형을 구형받은 이는 7명에 불과했다. 이 정도면

극동국제군사재판 법정

대속代贖이라 말해도 될 정도다. 그들의 죄를 더 캐묻고 싶지만 그러기에는 국제정세, 아니 미국의 사정이 여의치 않았다.

그리고 한국

연합국이 포츠담 선언을 발표했을 때 일본이 이를 바로 수락했다면 어땠을까? 그랬다면 한반도의 운명은 분명 달라졌다. 남북한이 갈라지지 않았을지도 모르고, 한국전쟁이 일어나지 않았을 지도 모른다. 불과 2주 만에 세계정세는 요동쳤다. 그 결과 일본은 원자폭탄을 맞았지만 다시 살아날 부활의 기회를 얻었다. 남북한이 갈라졌고, 한국전쟁이 발발했다. 한국전쟁 소식을 전해들은 당시 일본 총리 요시다 시게루의 발언이 모든 걸 대변한다.

"이제 일본은 살았다!"

말 그대로였다. 당시 일본의 경제는 1920년대 수준으로 되돌아갔다. 일본은 공장을 돌리고 싶어도 전력난으로 제대로 가동시킬 수 없는 상황이었다. 요시다 총리가 GHQ에 통사정을 해 겨우 중유 수입을 할 수 있었던 게 1946년이다.

전후 일본을 먹여 살린 건 '팡팡걸'로 대표되는 매춘부들이었다. RAA Recreation and Amusement Associon(레크레이션 및 오락협회)라는 그럴듯한 이름으로 포장된 이 단체의 일본명은 '특수위안시설협회'였다.

내무성 관료가 입안했고, 대장성의 예산 지원으로 조직된 이 단체의 목적은 미군을 상대로 한 매춘이었다. 겉으로는 일본의 순진한 처녀들의 정조를 지키기 위함이었지만 원래 목적은 미군들의 호주머니를 터는 일이었다.

종전 직후 일본의 일반 가정집들의 모습은 거의 다 비슷했다. 어머니나 여동생이 어딘가에서 돈을 구해오면 집에 있는 남편과 남자 형제들은 돈의 출처를 묻지 않고 묵묵히 이들이 사온 음식을 먹었다.

이런 상황에서 한국전쟁이 터졌다. 전쟁이 터지자마자 일본 정부는 '특수 조달청'을 설치했고 미국이 요구하는 군수품을 적극적으로 생산해 전달했다. 그 결과 1952년 6월이 되자 군수품 공장만 400여 개에 달했고, 이 수는 한국전쟁 말기에는 860여 개까지 증가했다.

미국은 군사물품 구입만으로 25억 달러라는 돈을 일본에 풀었다. 경제적인 면뿐 아니라 군사적인 족쇄도 풀렸다. 한국전쟁으로 당장 주일미군을 한국으로 돌려야 했기에 군사적인 공백이 생겼다. 또한 맥아더는 1950년 7월 8일 일본 정부에 공식적으로 '병력'을 요청했다.

"50일 안에 7만 5000명의 경찰 예비대 창설을 요청한다."

말 많고 탈 많은 '자위대'의 시작이었다. 오히려 일본이 눈치를 봐가며 청해야 할 일을 미국 측이 먼저 요구하게 되자 일

샌프란시스코 강화 조약에 서명하는 요시다 시게루 총리

본은 부랴부랴 병력을 모집했다. 1950년 8월 10일 보병 4개 사단으로 구성된 경찰 예비대를 조직하고, 1952년 해안 보안대와 통합되면서 보안청이 설립됐다. 그리고 2년 뒤 방위청의 설립과 함께 '자위대 설치법'이 만들어졌고, 이윽고 1956년 자위대가 창설됐다.

정치적인 면은 이보다 더 극적이었다. 1951년 9월 8일 한국 전쟁이 한창이던 그때 샌프란시스코 전쟁기념 공연예술센터에서 48개국이 참가한 국제회의가 열렸다. 여기서 바로 '샌프란시스코 강화 조약Treaty of San Francisco'이 체결되었다. 이 조약에 의해 일본은 공식적으로 독립국의 지위를 확보했다(이전까지는

미일 안보 조약에 서명하는 요시다 시게루 총리

GHQ가 관리하던 연합국의 점령국 지위였다). 그리고 같은 날 미국과 일본은 미일 안전보장 조약Security Treaty Between the United States and Japan, 소위 말하는 '미일 안보 조약'을 체결했다. 이제 일본은 공식적으로 독립국의 지위와 함께 미국의 동맹국이 됐다. 7년 전 패망했던 일본이 부활한 날이었다.

이것이 국제정치의 무서움이다.

• 참고 자료 •

- 이성환,《전쟁국가 일본》, 살림, 2005
- 육군사관학교 전사학과,《세계전쟁사》, 황금알, 2004
- 이윤섭,《러일전쟁과 을사보호조약》, 이북스펍, 2012
- 이상태,《조선역사 바로잡기》, 가람기획, 2000
- 이윤섭,《다시 쓰는 한국 근대사》, 평단문화사, 2009
- 위텐런,《대본영의 참모들》, 나남, 2014
- 호사카 마사야스,《쇼와 육군》, 글항아리, 2016
- 이노세 나오키,《쇼와 16년 여름의 패전》, 추수밭, 2011
- 권성욱,《중일전쟁-용, 사무라이를 꺾다》, 미지북스, 2015
- 김효순,《나는 일본군 인민군 국군이었다》, 서해문집, 2009
- 정기종,《석유전쟁》, 매일경제신문사, 2003
- 이창위,《우리의 눈으로 본 일본제국 흥망사》, 궁리, 2005
- 박재석·남창훈,《연합함대 그 출범에서 침몰까지》, 가람기획, 2005
- 다카시로 고이치,《일본의 이중권력, 쇼군과 천황》, 살림, 2006
- 에드워드 베르,《히로히토 신화의 뒤편》, 을유문화사, 2002
- 한도 가즈토시,《일본의 가장 긴 하루》, 가람기획, 1996
- 희희낙락호호당(http://www.hohodang.com)
- 박인규,〈잘나가던 미국 장군의 고백 "전쟁은 사기다"〉, 프레시안, 2015.2.27.(http://www.pressian.com/news/article.html?no=124246)